JN092781

感情・人格心理学

大山泰宏・佐々木玲仁

感情・人格心理学（'21）

©2021　大山泰宏・佐々木玲仁

装丁・ブックデザイン：畑中　猛

o-26

まえがき

　人間はどのような形であれ，群れて生きる動物である。群れて生きるとき，人間は群れの中で，自分自身と他人との，あるいは他人同士の違いに気づかざるを得ないだろう。私とあの人はどうしてこんなに同じものを見て，違うように感じるのだろう。あるいは，私が同じように振る舞っても，どうしてあの人とこの人は違った言葉や態度を返してくるのだろう。このようなことを，群れの中で暮らしているとどうしても考えざるを得ないのではないだろうか。そこでわかるのは，どうやら人はそれぞれに異なった人がらを持っているらしい，ということである。

　そしてまた，自分自身の「中」に目を向けると，もう一つ，不思議な現象に気づかされることがある。それは，以前あったことと同じことが今起こっているのに，どうして自分はこの前と同じようには感じないのだろう，ということである。外で起こることが同じであっても（同じに見えても），自分自身の中に湧き上がる気持ちはこんなにも異なっている。あるいは，以前に何も感じなかったことと同じことが起こっているのに，どうして今はこれほどまでに気持ちが揺さぶられるのだろう，そしてその逆の，あれほど気持ちが揺さぶられていたのに，今はどうして何も感じないのだろう，ということもあるだろう。

　本書では，前者の「それぞれに異なった人がら」のことを「人格」と呼び，後者の「そのときどきによって異なった気持ち」のことを「感情」と呼んで，それぞれについて心理学的に論じていくことになる。それが本書の「感情・人格心理学」というタイトルの意味するところである。そしてここでまた一つ謎が増える。「心理学的に論じる」ということはどういうことなのだろうか。これについては，人格，感情とともに，本

書の中で論じていくことにしたい。なぜなら，心理学的に論じるということ自体が，世間で思われているほどに疑いなく成立しているわけではないからである。現代の心理学もまた，何かを論じるための確固たる道具ではなく，それ自体，論じられる必要のある対象である。

　本書の執筆は，新型コロナウイルス Covid-19 が世界中で猛威を振るい，多くの感染者，死者が出ていて，しかし，この災厄がどこまでの被害をもたらすかは明らかでない，という時点で行われている。この事態が発生する前，つまり 2019 年末よりも前と，その後では世界の様相は一変してしまっているし，今後，一変する前の状況に復帰をすることはないだろう。その一変した世界では，人の心も変わらざるを得ないし，人格，感情といったものの見方もまた変化するだろう。今現在，変化した後の世界を見通せない以上，本書の内容の多くは変化前の知見に基づいて書かざるを得ない。しかし，そのうちの幾分かは変化後にも通用するものであることを願っている。そのこともあって，本書の内容は，どの研究者がいつどのようなことを言っている，ということよりは，読み手が自分自身とその周囲の人を振り返りながら一つ一つ考えることができるような内容にしたいと考えている。私の尊敬する精神医学者の本のように，「素手で読める」感情・人格心理学の本を目指して書いていこうと考えている。もしよろしければ，最後までおつきあいいただきたい。

2021年初夏

著者代表として　佐々木玲仁

目 次

まえがき　　　佐々木玲仁　　3

1 感情と人格——講義を始めるにあたって

　　　　　　　　　　　　　　　　　　佐々木玲仁　　9

　　1．専門用語と日常用語　　10

　　2．感情を心理学的に扱う　　14

　　3．人格を心理学的に扱う　　17

　　4．本書の着地点　　20

2 感情はなぜあるのか　　　佐々木玲仁　　22

　　1．我々に感情がある「理由」　　22

　　2．感情がそれを持っている人自身に及ぼす影響　　24

　　3．感情がそれを持っている人以外の人に及ぼす影響　　28

　　4．感情はなぜあるのか　　32

3 感情を表す——表情のはなし　　佐々木玲仁　　35

　　1．観察可能なものとしての表情　　35

　　2．表情のカテゴリー化——分割と文脈　　39

　　3．表情についての研究　　43

4 感情の発達　　　　　　　　大山泰宏　　47

　　1．感情の分化と発達——ルイスのモデルを中心に　　47

　　2．コミュニケーションの発達と感情　　52

5 | **感情と記憶** | 大山泰宏　62

1．記憶の分類　62

2．感情が記憶に与える影響　66

3．感情と記憶の複雑な関係　72

6 | **感情の生理的基盤** | 大山泰宏　77

1．感情と身体　77

2．感情と脳神経系　83

3．身体と感情の密接な関わり　88

7 | **感情の障害** | 佐々木玲仁　93

1．感情がうまく働かないとき　93

2．感情の不調が日常生活に収まるとき　94

3．感情の不調が日常生活には収まらないとき　101

8 | **感情の測定** | 佐々木玲仁　107

1．感情は何を通じて測れるのか　107

2．感情を測定する具体的な方法　110

3．体内現象　114

4．自己表現　115

5．感情の測定とは　117

9 | 人格の概念 | 佐々木玲仁 119

1. 人格を表す　119
2. 人がらについて考えるときの用語　123
3. 実体か構成概念か　126
4. 人格を考えるためのさまざまな側面　128

10 | 人格の記述——類型論と特性論
| 佐々木玲仁　132

1. 人格を記述するとはどういうことか　132
2. 類型論としての人格の捉え方　133
3. 特性論としての人格の捉え方　139
4. 類型論・特性論共通の問題から見える人格の記述の問題点
132... 143

11 | 人格の測定 | 佐々木玲仁　150

1. 人格の記述と測定の関係　150
2. 測定の方法1——質問紙法の世界　154
3. 測定の方法2——投映法の世界　158
4. 人格はどのように読み取り得るのか　164

12 | 人格の発達 | 佐々木玲仁　167

1.「人格の発達」とは何か　167
2. 発達する人格に関する概念　169
3. 自分自身にとっての人格の発達　174
4. 人格と発達の両立　178

13 | 人格と環境——文化と状況　　佐々木玲仁　181

　1．人格は独立して存在し得るか　181

　2．人格が影響される環境1——状況論について　183

　3．人格が影響される環境2——文化的背景　189

　4．外部要因の影響を受けない人格　193

14 | 人格と心理療法　　佐々木玲仁　195

　1．心理療法における人格概念　195

　2．心理療法の中での人格　198

　3．人格における「障害」と呼ばれるもの　200

　4．人格が変わること——人格は変わり得るのか　205

　5．心理療法における人格とその変化　208

15 | 感情・人格と日常　　佐々木玲仁　210

　1．感情と人格　210

　2．感情と人格のそれぞれの側面とその関係　212

　3．日常生活のレベルへ　216

索　引　222

1 | 感情と人格
——講義を始めるにあたって

佐々木玲仁

《目標＆ポイント》 感情と人格について論ずるための準備として，まずは日常用語と学術用語の違いについて論じる。また，感情，人格をそれぞれ心理学として論じるとはどういうことかについて述べつつ，各章で何を扱うかについて説明することで本書の全体の見通しを立てる。
《キーワード》 感情，人格，専門用語，日常用語

　感情も，人格も，我々がみな持っているものである。日常生活の中で，そのように感じている人は多いだろう。少なくとも，我々の暮らしのレベルにおいてはそういうことになっているし，それを前提に日常生活が営まれている。感情という言葉を使わなくとも，「気持ち」という言い方でなら，毎日の生活の中で考えたり，話したり，推し測ったりしているに違いない。また，人格という言葉を使わなくても，生活の中で出会う人，それは家族のように近しい人であったり，その日初めて会う人であったり，あるいはその中間くらいの関係の人かもしれないが，そのようにして実際に出会う人の人がらということであるならば，考える機会は多いだろう。そして何よりも，自分自身の人がらについて考える機会は，否応なく訪れる。気持ちと人がら，つまり感情と人格には，我々は毎日毎日出会っている。
　では，その毎日出会う感情や人格のことは，我々はみなよく知っているだろうか。これほどよく出会っているものだから，その内容について我々は熟知して，わからないことなどないと言えるだろうか。もちろん

これは，そうでないということを前提にして聞いているのであって，実際は我々は，日々，感情や人格のわからなさに悩まされている。これほどよく出会うものであるのに，いや，これほどよく出会うものであるからこそ，我々は自分自身の感情に振り回されたり，他人の感情の予期し難い動きに戸惑ったりして，うまくそれを扱うことができない。あるいは，近しいはずの人の人格の知られざる一面に気づいたり，自分自身がそうであると捉えていた人格の中からは出てこないはずの行動にうろたえたりして，度し難い思いを抱く。

　本書では，そんな感情や人格について，これまで積み重ねられてきた研究や思考の成果を紹介し，我々がいかに悪戦苦闘しながらこの問題に取り組んできたかについて話していきたい。そして，その取り組みがどのように我々の愛すべき日常の中で出会う感情や人格とのつき合い方に影響を与えるかについて論じていきたいと考えている。

　この問題を論じるには，その前に考えておかなければならない前提条件が要る。そして，この分野の問題はさまざまな他の問題と絡み合って，非常に広汎な広がりを見せている。第1章では，本書の導入としてこの前提と広がりについて考え，全15章の一連の見通しを立てておくこととしよう。

1. 専門用語と日常用語

　この分野を考えるにあたってまず必要な前提は，ここで使う言葉を整理しておくことである。といっても，「感情」とか「人格」という最大のキーワードの定義をしておく，つまり，意味を定義したり扱う範囲を決めておく，という話ではない。話はもっと手前から始めなければならない。まず前提として考えておかなければならないのは，日常で使う言葉と同じ言葉を学術的に使うときにはどんなことについて考えておかね

ばならないかということである。

　既に述べたように，感情という言葉は，日常生活で頻繁に使う言葉である。おそらく，青年期以降で感情という言葉を使ったことがない人は，それほど多くはないのではないだろうか。ほとんどの人は「感情」という言葉に何かしらのイメージを持っている。では，その人たちが持っているイメージは，それぞれ共通のものだといえるだろうか。共通のものだという可能性は否定できない。しかし，共通であるはずだといえるだけの根拠もまた我々は持っていない。なぜなら，それぞれの個人によって，これまで接してきた人の持っている（ように見える）感情はそれぞれ異なっているからだ。また，これまで読んできた文章に書き表されている感情はそれぞれ異なっているはずだからである（一致している方が不自然である）。そして何より，それぞれ個人の持っている感情のありよう，つまり，強かったり弱かったり，どんな感情を持ちやすいか，それに振り回されやすいか否か，が大きく異なっていることが関係しているだろう。そしてやっかいなことに，このそれぞれ異なるイメージを持っている人の中には，感情を研究する側の人間も入っている。どんな研究的仮想（例えば，「感情から自由である」など）をおくことにしようと，研究者自身もまた自分の感情にとらわれた存在である。

　日常生活でこれだけ多く接し，またそれぞれが異なるイメージを持っている感情という言葉は，しかし，少なくとも学問の対象として扱おうとしたときには，一定の範囲と幅の中に収まってくれていないと，そもそも議論が成り立たない。これが，日常生活では出会うことのない概念であったら，議論の始めは内容を説明する文章を組み立てればそれで話は始められる。しかし感情のような用語は，それぞれの持っているその語のイメージからはいったん離れて，この言葉を使うときはこのような意味で使いますよ，という合意が必要である。この合意は，原則的には，

それぞれの人がさまざまな意味で用いている用語の内容や広がりからすると，狭い範囲の限定された意味になることが多い。なぜなら，これから続けて論じていくことでわかるように，学問という方法で調べることができるのはごく限られた範囲のものだからである。学問は（当然のことだが）万能ではない。あるものを精密に見ようとすればするほど，例えば倍率の非常に高い顕微鏡が見える範囲が狭まってしまうように，学問の扱えるものの範囲は狭い場所に収めるしかなくなってしまう。その狭い場所しか見えないと始めから明らかにしておくために，言葉の指し示す範囲を限定しておくことが必要になってくるのである。

　このような，「対象としている現象がもっと広くてもっと豊かであることは知っているのだけれども，１回の研究で学術的に扱える範囲はごく限られたものなので，今回はこの対象を（涙をのんで）これだけに絞ることにします」という宣言のことを，「操作的定義」と呼ぶ。この講義で扱う感情と人格についても，この操作的定義をせざるを得ないことを，一番始めの前提として伝えておく。

　それではここで，感情と人格の操作的定義を行っていこう……と言いたいところだが，これもまたそれほど簡単なことではない。次節以降で述べるように，本書では，感情についても人格についても，広範囲な内容を扱っていく。その中には，「感情」「人格」という用語をどのように捉えていくべきか，という内容であったり，「感情」「人格」という概念とそれ以外の概念との関係を扱っていったりと，その扱い方はさまざまである。現段階で操作的定義を行ってしまうと，それが「学問」だとはいえ，全体的に扱える内容があまりにも狭まってしまう。そこで，本書では，各章の内容について必要に応じてその範囲と内容の操作的定義を行いつつ議論を進めていくことにしたい。したがって，本章で我々が共有しておきたいのは，今後各章の中で用いる「感情」「人格」は，日常

用語として用いる「感情」「人格」とはいくらか異なった意味を含んで書かれているかもしれないということに止めざるを得ない。

　この前提を受け入れるとするならば，もう一つ新たな問題が生じてくる。それは，「日常生活と異なった内容を論じていった末に出てくる結論は，どのように日常生活に結びつき得るのか」という問題である。どんなに理論的に美しく整合性があったとしても，それが日常生活と離れた内容について論じられている結果のものであったら，単なる知的な遊びとしてしか意味がないのではないか，という疑問である。この問題は，この問題を扱う研究者間でだけ話しているのであれば生じることのない問題である。なぜなら，研究者たちは，「どのように日常から離れるか」というルールを共有してさえいれば，その職業的共同世界の中では困ることがないからである。

　しかし，ここで扱っていくのは，くどいようだが，日常生活の中に広がりを持つ「感情」と「人格」である。いくら美しい，納得のいく理屈が立ったとしても，それが実際に働いている日常生活に還元できないのであれば，意味があるのかどうかは怪しくなってくる。そこで，本書では，「感情」「人格」について学術的な成果を紹介するとともに，それが日常のレベルで考えたときにどのような意味を持つのかについて，いわば乾燥食品を水でもどすような作業も可能な限り行っていきたいと考えている。筆者は心理学の中でも臨床心理学を専門としているので，自己規定を「乾燥食品の製造業者」ではなく，「乾燥食品を使った料理をどれだけおいしく食べられるようにするかという料理人」においている。それが達成できるように，各章の記述を工夫していきたいと考えている。

　この節の最後に述べておきたいのは，このテーマの内容が「感情」「人格」であるということの特殊性と危うさについてである。この両用語は，

日常生活の中で頻繁に用いられているだけでなく，ある価値づけを担っていることが多い。「あの人は人格者だ」という言い方をするときには，その言葉の中には，その人が立派な人だという含みを持っている。また，「あの人は感情的だ」という言い方をするときには，その人は社会生活の中で自分自身の気持ちの発露を止められない，抑制の利かない人だという意味を含んでいることが多いだろう。このように，感情や人格という概念は，社会の中である種の力を発揮することがあるし，それは時として，暴力として働くことも十分に考えられる。この危うさに十分に注意してもらいたいと筆者は考えている。本書で目にしたことをうかつに日常生活の中で他の人に適用して，乾燥食品を乾燥したまま無理やり人に食べさせるような行為に及ばないようにしてほしい。使いようによっては暴力になるというのはどのような種類の便利な道具にも言えることだが，とりわけ人の心理に関わる内容は，目に見えない形で簡単に人を傷つけることができる。そのことを重く考えた上で，これから続く全15章の内容を受け止めてほしいと考えている。

　さて，ここから続く2つの節では，感情と人格とに分けて，本書の中で取り扱う範囲について説明をしておこう。これを見るだけでこの分野の広汎な広がりが理解できると思うが，ここに取り上げることができなかった内容もまた多い。誠に感情と人格とは幅広い分野である。

2. 感情を心理学的に扱う

　本節では本書で取り扱う感情についての範囲を紹介する。

　まず始めに，そもそも我々はなぜ感情というものを持っているのか，そして感情は我々にどのような影響を与えているのかについて論じる（第2章）。前節で述べたように，我々は感情があることによって煩わされたり振り回されたり，あるいは自分自身でも説明のつかない行動をと

ってしまうことがある。感情はこのようなネガティブな面ばかりを持っているわけではないが，我々がことさらに感情について考える機会があるのは，おおむね「困ったとき」ではないだろうか。ものごとが滞りなく進んでいるときには，なぜこんな感情が出てくるのかについては人はあまり考えない。感情について考えるのは，それを考えざるを得ないという場合が多いのではないだろうか。意識して考えるのが困った感情ばかりであるなら，なぜ，何のために我々はこのような感情を持っているのだろうか。進化心理学の考え方に従えば，我々がある性質を持っているのはその性質が生存に有利な側面を持っているからということになる。そこで，この章では，感情を持つことの有利な側面，そして，ネガティブな感情のポジティブな意味について考えていくことにしたい。また，それら感情を持つことでどういう影響が生じるのかについても考えていこう。

　次に考えたいのは，表情についてである。人がある感情を持ったとき，それは外から観察することが可能なこともあれば可能でないこともある。感情が観察可能なのはさまざまな形でそれが行動に反映されているが，それが最も直接的な形で 顕 れるのが表情である。第3章では，その表情について考える。表情を研究するにあたっては，ある表情と別の表情を区別する必要がある。また，表情は目や口などの顔面のさまざまな部分がどのような形をとるか，あるいはどのような動きをするかについて考える必要がある。いずれにしても，何らかの形で顔の様相についての区分をしなければ，研究の手がかりをつかむことはできない。また，表情には，本人が感情を表しているのか，あるいは本人の意思とは別に感情が顕れてしまっているのか，つまり表情は伝達であるのか表現であるのかという問題がある。ここでは，これらの観点から論じていく。

　続いて取り扱うのは，感情の発達の問題である。人は発達に伴って，

その抱く感情が異なっているといわれている。乳児期，幼少期から成人に至るまで，感情はその種類が枝分かれし，より複雑なものになっていくと考えられている。しかし，感情の中でどれがより基礎的なものであり，どれがより複雑なものであるかについては諸説の一致をみていない。これらについてのまだ決着のついていない議論について，第4章で紹介する。

　続いて，第5章では，感情と記憶の関連について論じていくことにする。記憶には，記銘，保持，想起と3つの段階があることが言われているが，感情はこのそれぞれの段階に強い関わりを持っている。その関わりは，より強い感情とともに記憶されたものがより再生しやすいといった類いの単純なものだけではない。しかし，その関わりは心的外傷などの問題と関連して極めて現代的な課題を含んでいる。

　第6章では，ここまで扱ってきた感情について，生理的基盤および身体との関わりについて論じる。感情が生じているとき，あるいは我々が自身に感情が生じていると感じるとき，脳や神経系においてもある生理的な働きが起こっている。この働きは本人にとって自覚されるものではないが，感情を考える上で重要な要素であることに変わりはない。また，感情は一見，「心」についての問題であるように考えられがちだが，しかし他の多くの心の問題と同じように，人間の身体の問題と強いつながりを持っている。この章では，生理的基盤と身体の様相という「からだ」と感情の関わりについて扱っていくことにしたい。

　前節から繰り返し，感情は何らかの煩いと結びついていることを述べてきたが，その度合いがある程度を超える，あるいはある特定の形をとると，一種の「障害」の形で我々の生活を脅かしてくることがある。この場合，通常の生活の中では容易にその問題から立ち直ることができなくなり，医療の対象になり治療が必要とされる状態となる。このように

気分の障害と呼ぶことができる状態も感情を考える上で重要な手がかりとなる。このことについて，第7章で論じていく。

　感情のパートの最後になる第8章では，感情の測定について詳しく論じていくことにする。少なくとも本人でない人の，時として本人であっても，その感情状態を理解するには何らかの測定を行う必要がある場合がある。心理学で取り扱う中で，何らかの方法や道具立てを用いて，それを把握し，場合によっては数値化することによって対象として扱うことができるようになる。しかし，多くの場合，感情は徹頭徹尾主観的なものでもあり，道具を用いて他の人が測定を行うことには一定の限界がある。この限界も含めて，この章では感情の測定について論じていく。

　ここまでの章で扱うのは，感情の意味や機能，表出としての表情，記憶との関連，生理的身体的基盤，障害，測定と多岐にわたっている。このように多様な手がかりから感情について考えていくことで，感情の取り扱いについて紹介していく。これらがどのように日常生活に結びついていくかは，この後に扱う人格の問題と合わせて，第15章で論じていく。

3. 人格を心理学的に扱う

　次に，人格について本書で扱う内容について紹介をしていこう。

　まずは第9章で，そもそも人格という概念を本書でどう扱っていくのか，そして類似の概念との関係を論じる。第1節で人格を日常レベルで扱うときに「人がら」という言い方を用いたが，その「人がら」を論じるときに用いる言葉にはいくつかの選択肢がある。また，それぞれの用語の指し示す範囲もさまざまである。これらの用語との関係の中で，ここで扱う人格の操作的定義をひとまずは行っておこう。さらにこの章では，そもそも人格というものをなぜ問わなければならないのか，どのようなときにその概念を考えるのかについても論じていく。

　続く第10章では，前章で一応の操作的定義を行った人格概念について，どのような記述の仕方があるのかについての大枠を示していく。これまで行われてきた研究の中では，人格はおおむね「類型論」という方法と「特性論」という方法で記述されることが多かった。またこれらについて説明をする前に，そもそも人格を「記述する」とはどういうことなのかについても一通り論じておく必要があるだろう。日常生活で用いる，「この人はこんな人だ」という捉え方にとどまらない，考え方がどのようにして可能になるのかについても論じていく。

　この第10章を承けて，第11章では人格をどのように測定していくか，その方法について紹介する。いわゆる心理アセスメントの中の，パーソナリティ・テストと呼ばれるものにはいくつもの種類があるが，それらはその基盤となる考え方によっていくつかの種類に分けることができる。この中で，代表的なものとして質問紙法と投映法について取り上げ，具体例を挙げて説明して，「これらの方法で何がどこまでわかるのか」について論じていく。この中で，いくら専門家であり特別な道具立てを使うとしても，同じ人間たる検査者が果たして他人の人格を理解できるのか，というそもそもの問題についても触れておきたい。そのことに触れない人格の測定はやはり時として暴力として働き得るのであるということを踏まえ，測定という行為の功罪についても論じていく。

　続く第12章では，人格というものをある程度一般化し，発達，つまり生まれてから時を経て変化していく様相を，発達段階という概念を手がかりに紹介を行っていく。人格はもちろん個人によって異なり，その発達も大きな個人差が想定されるのだが，それでも全体の傾向として人格の発達を捉えようという試みは多く行われてきた。これは，実際に年齢を重ねていくときに個々人の感じる自分自身の変化の実感ともある程度の合致をみるために，広く受け入れられている概念でもある。この章で

はその代表的な概念について紹介する。また，人格という概念には，短期間では変化しないその人固有の性質という含みがある。これに対して，発達とは変化を前提とした概念である。この矛盾をどのように解決していくのかはそれほど簡単なことではない。これまで「人がら」と呼んできたもの，別の言葉で言えば「その人らしさ」にあたるものをこの観点から捉えることについて論じていくことにする。

　前章までの議論では，人格はある人の人がらのことでありその人の固有のものである，ということを暗黙の前提として話を進めてきたが，人一人だけが何とも関わらないでいるときにはそもそも人格という概念は問題として成立しない。最低でも観測者，評価者がいる局面で人格は問題になる。ではこのときに，この観測者を含む，外部の環境に影響を受けずに人格は成立するのだろうか。この点について，第13章では2つの観点から論じていくことにする。1つは文化の観点で，どの人もその人の属する文化の影響を免れることはできないことから論じる。同じような人がらだとしても，ある文化では没個性的と見なされることが別の文化の文脈に置くと非常に稀な性質であるということは十分に想定できる。もう1つは，状況論と呼ばれるもので，そもそも人間に一貫した人格などあるのか，状況に合わせてさまざまな側面を持つものを我々は便宜的に人格と呼び習わしているだけではないのか，という根本的な疑いを持っている理論がある。この2つの観点についてこの章は扱っていく。

　そして，人格のパートの最後の第14章では，人格という概念を心理療法の文脈において論じていく。筆者の専門でもあるこの心理療法の中では，陰に陽に人格という概念が扱われる。しかし，ここで扱われる人格は，必ずしも論理的に一貫するものとしては想定されていない。むしろ，極端な表現を使えば一貫しないものこそが臨床現場における人格と言え

るほどである。ここではそのような，心理臨床家が臨床現場で出会う人格概念について論じていくこととしたい。また，この章では，精神医学的な診断の一つとして「人格障害」と呼ばれるものについても触れておく。この人格障害は2つの文脈から語り得るが，それぞれについて説明を行っていく。そしてこの章の最後には，人格が「変わる」ことについて論じておきたい。どのようなことが起きたら人格が変わったといえるのか，あるいは，それはそもそも目指すべきことなのか，など，議論は尽きないが，心理療法の文脈で人格を語ろうとするならばこのテーマは避けて通れないものである。

　以上，第9章から第14章まで，人格概念の位置づけ，記述方法，測定方法，発達，環境との関連，心理療法との関連について論じてきた。この人格概念も，感情概念と同様に，多くの側面から論じ得るものであり，それぞれの側面を総合して得られるものは単純なものではなく，また研究としても数多く行われている。また，研究というものは一見普遍的に思えるものでも時代の制約を大きく受けるものである。これらの観点や，第8章以前の感情の議論を踏まえて，次の第15章ではここまで論じた問題を振り返り，どういうことを論じられれば議論がうまく着地するのかについて論じていきたい。

4.　本書の着地点

　本書ではさまざまな側面から感情と人格について論じてきた。ここに紹介したものは，第1節で述べたように，理論のための理論でなく，また研究者コミュニティで閉じられている議論に終わらせないためにも，これらの内容を統合しつつ，日常生活における「気持ち」と「人がら」につながる論点が必要であろう。既に論じてきたように，この2つのテーマについて論じ得る内容は数多い。しかし，これらの論からどのよう

なことが引き出し得るかについて述べることは，これらのテーマが日常生活について直結するという特性上，どうしても必要なことであると筆者は考えている。具体的にどのような着地になるのか，それが航空機のような滑らかな着地になるのか，パラシュートを使った半ば強引な着地になるのかについては，本章も含めた第14章までを経てからゆっくりと考えることとしたい。第2章以降は各論となるので，このような俯瞰した観点とは第15章までしばしのお別れである。筆者にとっても読者にとってもよき再会になるよう，筆者としても努力していこうと考えているので，その点についての読者の協力も仰いでおきたい。

学習課題

・日常的な使い方と学術的な使い方では意味の異なる用語を探してみよう。
・感情と近い意味の言葉，人格と近い意味の言葉を探し出して，それら同士の違いや類似点について考えてみよう。

2 | 感情はなぜあるのか

佐々木玲仁

《**目標＆ポイント**》 そもそも感情というものはなぜあるのかについて，それが自分自身について及ぼす影響と，他の人とのつながりに及ぼす影響の観点から論じる。
《**キーワード**》 感情の機能，感情が及ぼす影響

本章から「感情・人格心理学」の前半に当たる感情についての議論を進めていく。本章ではまずその手始めに，そもそも感情というものはなぜあるのか，という根本のところから話を始めていこう。

1. 我々に感情がある「理由」

我々には，どうして感情というものがあるのだろうか。このような問いは，平穏な日常生活を送っているときはあまり感じられないかもしれない。しかし，我々はひとたび強い感情が湧き起こったとき，そしてとりわけそれに苦しめられているとき，ふとそのようなことを考えるときがある。

この「感情」に限らず，一般に，生きものに備わっている性質がどうしてあるのか，という「理由」を考えることは難しい。例えば，どうしてキリンの首は長いのか，どうしてタンポポの種には綿毛がついているのかなど，挙げればきりがないが，その理由を説明することは難しい。そこで多くの場合我々は，その「理由」を「機能」にすりかえて，つまり「どうして」という問いを「何のために」にすりかえて説明する。キ

リンの首が長いのは高いところにある葉を食べられるように，タンポポの種に綿毛がついているのは種が遠くに飛ぶように，というわけである。これは一見理由を説明しているようだが，キリンやタンポポ自身が高いところの葉を食べようとして首を延ばしたり，遠くまで種を飛ばそうとして種に綿毛をつけたりしたわけではおそらくない以上，厳密な意味でこれは「理由」とは言い難い。しかし，その意味での理由を問うていくと，「そもそも理由とは何か」というより深遠な問題にぶつからざるを得ない。そこで，今考えようとしている性質そのものについてわかりやすく考えるためには，「機能の話にすりかえる」というのはそれほど悪い方法ではない。

　ここで我々も，まずは感情について考えていく取りかかりとして，我々に感情がある理由を感情がどのように機能しているのかに「すりかえて」考えていくことにしよう。

　それを考えていくためにもう一点注意しておきたいのは，感情と我々自身の関係である。感情は，我々自身がそれを「持っている」と感じられるときと，感情が我々自身を越えて働いていると感じられるときがある。この2つを比べると，前者の場合の方が後者の場合よりもより自分自身が制御できると感じられるだろう。また，冒頭に述べたように，我々が感情に目を向けるのは，後者のような場合が多いだろう。

　このように，我々自身と感情の関係も一通りではない。このことを頭に置きつつ，以下の説明に入っていくことにする。そして，感情の機能について論じていく手がかりとして，それが感情を持っている人自身に対する機能なのか（第2節），それとも他の人との関係において働く機能なのか（第3節）に分けて論じていく。

2. 感情がそれを持っている人自身に及ぼす影響

　まず始めに，感情がその感情を持つ人自身に対してどのように働くかを，大きく「安定状態への作用」「優先順位の変更」「記憶への作用」の3つに分けて考えていく。

（1）安定した状態への作用

a）安定した状態を崩すこと

　人間が通常通りの生活を送っているときは，ある幅の中に収まる安定した状態を維持して活動を行っている。この定常状態が続いているときは，次に何が起こるのかの予想がある程度立てられる。ある一定の幅の中に収まる状態を維持していくことが日常生活だ，とも言える。日常を継続できるということは，そのような安定を指向する力が十分に働いていることだと言うこともできる。このような力をホメオスタシスという。

　そこに，日常には起こらないような急激な変化や突発的な出来事が起こったとしよう。それは初めて出会う出来事かもしれないし，また過去に遭遇したとしてもそう多くは起こらない現象だったとしよう。このような突発的なことに対応するには，それに対応する人間の方も急激にその状態を変え，起きた事態に取り組む必要がある。このように短時間で状態を変えようとした場合，いつもの生活を送るための，状態を維持しようとする力は邪魔になる。そこで急な変化に対応するためにはいつも用いているその維持力を一時的に解除する必要がある。この「日常の定常状態を解除する機能」というのが，感情の持っている1つ目の働きである。

　急な状況変化は，心理的な状態も，生理的な状態も，いつもの状態の

ままでは対応できない。このようなとき，例えば怒りという感情が機能することによって，心理的に敏感になり，また状況を即座に理解しその対応としての行動が行えるようになる。また，生理的にも心拍数が上がり，筋肉が緊張するなど急激な運動に備えるようになる。このように，感情は事態に対応するために日常の状態を維持する力を解除する働きがある。

b）崩された安定状態を回復すること

　上記のような急な事態に適応するための状態は，しかし，長期的に続けることはできない。突発的な事態に対応するためには，人間は例えば怒りという感情に起動されて，持っているさまざまな力を総動員して事にあたる。だが，その状態が長く続けば，動員された力もいつまでもは出し続けることができず，最後には疲弊してしまう。この状態は，いずれはまた元の定常状態に戻さなければならない。

　その復帰の契機となるのもまた，感情である。例えば喜びのような感情を抱くことで，それまで緊張してきた状態が解除され，弛緩（しかん）が起こる。「動員」は解除され，日常へと戻っていく。そして，特別な事態が生じる前の安定状態へと戻っていき，また問題が生じるまでの間，状態を維持するための力を働かせて安定状態がまた復活する。

　ここで注意しておきたいのは，緊急に対応すべき事態そのものが解決したかどうかにかかわらず，感情によって緊張状態は解除されてしまうことがあるということだろう。実際の解決があるかどうかにかかわらず，解除は生じてしまうことがある。上述したように，緊張状態は長期的には続けることはできず，また続けているといずれは破綻が起きてしまう。感情はその破綻状態を回避するために（解決が為されているかどうかとは別に），緊張状態を解除するのだと考えられる。

（2）優先順位の変更

　次に挙げるのは，感情が生じることによって，そこまで継続していた状態における心理的な優先順位を変更してしまうことである。日常で出会う多くのものごとを処理するにあたって，人は何らかの形でそれらに優先順位をつけている。それは意識的に行っているとは限らないし，その優先順位のつけ方が最も効率的なものであるとも限らないが，ともかくある優先順位のシステムというものを一定程度人は働かせて日常を送っている。

　これに対して，感情はその優先順位のシステムに対して「割り込み」をかけることができる。優先順位に従って処理を待っていたものの行列に，横入りをかけるのである。これによって生じることには，第1節で述べたように緊急の出来事に対応できるという側面もあれば，秩序に従って進行していた日常が乱されるということもある。このように感情が生起することで，人の持っているエネルギーの配分を変更するという機能がある。

（3）記憶への作用

a）記憶の検索速度を上げる

　次の機能は記憶に関するものである。記憶と感情の関係については後の章で詳しく論じるが，ここではまず記憶のそれぞれの段階と関連する機能に触れておく。「記憶」とは，日常用語としては「ものごとを覚える」ことを指して言うことが多いが，記憶という現象はそれだけでは成立しない。記憶には，日常的な用語で言う記憶に当たる，ものを憶えるプロセスである「記銘」，憶えたものごとをずっと憶えたままに貯めておく「保持」，そしてその保持されている記憶を呼び出す「想起」の機能がセットになっている。もし記憶を想起することができなければ，それはそ

もそも記憶されていたかどうかを確かめる術はない。また，憶えたことをある一定の期間保持できなければ，もちろん検索されても呼び出すことはできないし，そもそも憶えたという事実があったかどうかも明らかではなくなっていく。

　上に挙げた記憶の過程のうち，感情はまず想起に影響する。今，何らかの事象が感情を起こさせたとしよう。感情は，その事象に関連のあるさまざまな記憶を想起させる。例えば懐かしさという感情を考えるとしよう。数年ぶりに偶然に会った過去の知人の顔を見て懐かしさを感じたとする。その懐かしさは，その知人と共有した経験，その知人と共に語った内容やその知人に関連した他の知人のことを次々と思い出させる。あるいは，今読んでいる本の内容のあまりの面白さに慄然としたとしよう。その際には，その本と同じ著者の他の本や，これまで読んできた他のテーマの本，また自身もどういうつながりがあるかわからないがなぜか思い浮かぶ本，そしてそれらの本を読んでいたときの周囲や自身の状況などが次々に思い起こされる（これらの経験は筆者のものであるが，本に限らなくとも，読者もそれぞれこのような経験をしたことがあるのではないだろうか）。このように，ある事象によって感情が生じることで，その事象に関連するものごとの記憶が賦活される，というのが感情の機能の1つであるということが言える。

b）強く記憶させる

　次に挙げるのも記憶に関係する機能である。先ほどは記憶を思い出すことについてであったが，ここでは憶えることについて述べていこう。思い出すときと同様，憶えるときにも感情はそれを促進する働きがある。ものごとを憶えるとき，何らかの感情が生起しているときの方が強く記憶されるということが知られている。その記憶は，今まさに感情が生じたときだけではなく，感情が生じた後もしばらくその影響が残る。

　例を挙げると，これもまた多くの人が体験している通り，大きな喜びがあったときの前後のことは強く，また克明に記憶されるという現象がある。また，それとは逆に，大きな悲しみや怒りを憶えたときのこともまた記憶に残りやすいということができる。

　遠方で起きた災害の第一報を聞いた瞬間のこと，大きな仕事を達成したときのこと，大切な試験の合格が決まったときなどのことは深く詳細に憶える，あるいは憶えてしまう。このように，感情はものごとを憶えることとも深く関わっている。

　ここでa）で述べた記憶の想起のことも併せて考えると，感情は記憶の記銘と想起の双方に強く影響を及ぼす。いわば記憶の入り口と出口に感情は深く関わっているのだと言うことができる。

3．感情がそれを持っている人以外の人に及ぼす影響

　ここまで感情がそれを持つ人自身に働きかけることについて扱ったが，次にある人の感情が他の人にどのような影響を及ぼすことがあるのかということについて論じていこう。一人の人にある感情が起きているとき，その影響は本人だけでなく周囲の他の人にも影響を及ぼすことがある。当然，その影響を受けた人の感情に，元の人も影響を受けるわけだが，まずはこの最初の「素過程」について述べていくことにする。

（1）感情が生起した人の状態についての情報を他の人に与える

　感情がある人に起こったとき，それは表情や動作，言語表現などを通じて他の人に伝わる（表情については第3章で扱う）。この伝わった感情は，他の人に対して，当人が今どのような状態であるか，その人の人がらがどうであるか，あるいはその人の置かれている状況がどのようなものであるかについて伝える。感情が何らかの方法で表示されることに

よって，他の人にその人の情報が伝わるのである。情報が伝わったとき
の他の人による読み解きは複雑で，例えば怒りが表示されたときに，そ
の人が本当に怒っているのか，それとも怒りを表示することで何ごとか
を伝えたいのか，あるいはその人が怒りを感じやすい人なのか，そうで
なくとも怒るような状況なのかというように，怒り一つをとっても伝わ
り得る内容はさまざまである。しかし，その内容にかかわらず「感情が
生じている人についての情報が伝わるということ自体は生じる」と言っ
て差し支えないだろう。

（２）他の人に感情を生じさせる

　感情が生じそれが他の人に伝わると，単に感情が生じた人の情報が伝
わるだけでなく，受け手にも感情を生じさせることが少なくない。ある
人が感情的になっていると，それを感知した人は単にその人について知
るだけでなく，感知したその人自身にも何らかの感情が生じる。また，
他人の感情を感知して自身に感情を生起させた人も，さらにその他の人
に感情を生起させるので，ひとたび誰かが感情を生起させると，それは
周りの人に広範囲に広がっていくことになる。

　次に，このときに生起する感情の種類について考えてみよう。人の感
情を関知して感情を生起させた人の感情の種類は，どのようなものにな
るだろうか。元の人の感情と同じものになるだろうか，異なるものにな
るだろうか。その前に，そもそも感情が種類に分けられるのかどうかと
いう問題はあるが，これは後の章に譲り，ここでは単純に「怒り」や「喜
び」などに種類分けができるものとして話を進めよう。

　元の人の感情と影響を受けた人の感情は，同じか似ているものになる
場合と，まったく異なるものになる場合がある。「悲しみ」を例にとっ
てみよう。ある人が悲しみという感情を抱いているとき，その影響を受

けた人に生じる感情はどのようなものになるだろうか。まず1つは，影響を受けた人が，同様の感情である「悲しみ」を感じるという場合があるだろう。人の悲しみは，その悲しみと同様の感情を周りの人に起こさせる。さらにそれだけでなく，「その人が悲しんでいる」ということ自体が他の人に悲しみを起こさせることもある。この悲しみはさらに他の人の悲しみを呼び起こし，多くの人を同様の感情の状態へと導くこともある。

　次に，怒りの感情が他の種類の感情を呼び起こす場合について述べていこう。ある人が「怒り」の感情を見せたとき，その怒りを見た人が「恐怖」を感じることがあるだろう。またこの場合，他の人の怒りに対して，同種の感情である怒りを感じる人もいるであろうし，異なる種類の恐怖を感じる人もいるだろう。この違いは，元の感情を持った人と影響を受けた人がどんな関係であるか，あるいはこの2人をとりまく状況がどのようなものであるかによって決まってくる。さらに，この違いについては，「怒り」に対して「悲しみ」や「喜び」が生起することもあるだろうことも指摘できる。こうした多様性は，それぞれの人同士の関係と状況の多様性を反映しているということが言えるだろう。このように，感情の種類の問題に踏み込むと話は複雑になるが，人に何らかの感情が生起すると，周囲の人も何らかの感情を生起させる，ということ自体は言ってよさそうである。

（3）他の人に行動を起こさせる

　次に採り上げるのは，ある人の感情が他の人の行動を呼び起こすということである。ある人が悲しんでいたら，それを関知した周りの人はその人を慰めるという場合や，ある人の怒りは，周りの人がその人を回避するというような場合である。また，ある人の喜びは，他の人の祝福と

いう行動を呼び起こすかもしれない。このように，人に生起した感情は他の人に感情を起こさせるだけにとどまらず，行動まで喚起することがある。この場合の経路としては，ある人の感情が他の人の感情を呼び起こし，その人はその感情に基づいて元の人に対して行動を起こすということもあるかもしれないし，また，相手の感情に接して自分の感情が喚起されるのを防ぐために何らかの行動を起こすという場合もあるだろう。また，相手の感情に喚起された行動が，元の人に向かうとは限らない。人の感情によって起こされた行動がさらに他の人に向けられることもあるだろう。この場合は，行動を起こした人は，「他の人の感情を別の人への行動へと変換する」働きをしたということになる。いずれにしても，感情が生起したときにはそれが他の人の行動という結果を生むことがあると言える。

（4）感情におけるポジティブフィードバックループの生成

　ここまで感情が他の人に与える影響について 3 つのトピックを挙げてきたが，ここで特に注意しておきたいのは 2 番目に挙げた他の人の感情を喚起する場合である。

　感情が他の人の感情を喚起するならば，その他の人にとって元の人は他の人であるのだから，元の人の感情もまた喚起されることになる。その元の人の感情はさらに他の人の感情を喚起し，とお互いがお互いの感情を喚起していくことになる。第 2 節で論じたように，その人の中では感情は安定した状態を崩したり（第 2 節（1）），記憶の検索速度を上げたりする（第 2 節（3））。このような状態をお互いに起こし合い，それぞれの中でもまた感情が喚起されやすくなっていく。このように，あることの結果が，その結果を引き起こした原因を生む，つまりあることの結果自体がその原因の原因となる，というような状態を，ポジティブフ

ィードバックと呼ぶ。その内容が何であれ，このような状況が成立した場合は，その事象は急速にその頻度や度合いを高めていく。上に挙げた「感情が他者の感情を引き起こす」ということは，2つ以上組み合わされると，それに関わった人の感情をより喚起する方向へと急速に動いていく。このような状況が多数の人間の中で生じたときにはより強度の高い，「お互いが相手の感情を強めていく」ということが起こってくるのである。

4. 感情はなぜあるのか

　ここまで論じてきたことをまとめて，当初の問題である，どうして我々には感情があるのかという設問に戻ってみよう。

　本章ではこれを，機能の問題，つまり，それがあるとどういういいことがあるのかという問題に限定をして論じてきた。それによると，感情があることで，人は自分自身の安定状態を崩したり戻したりし，また，対応の優先順位を変更して目の前の状況に対応することができる。また記憶に関しては，感情が動くことで，覚えたり思い出したりという能力が一時的に高まる。また，他の人に自分の状態を伝え，他の人の感情や行動を呼び起こすという形で周囲にも影響を及ぼす。この機能は，生じる感情の種類によって，現在の状況や他者の感情，そして自分自身の感情それ自体に対して促進するようにも抑制するようにも働くため，結果として生じる事態は多種多様である。

　このような感情のさまざまな「機能」をみた上で，改めて，あえて感情がある「理由」について考えてみよう。本章の冒頭に述べたように，なぜ感情があるのかという問いに対して「正解」を答えることは原理的に不可能である。原理的に不可能であるから，ここから先はいくぶん文学的な話にならざるを得ない。しかし，そもそも「感情はなぜあるのか」

というテーマそのものが文学的なものであるのだからそれがしかたがない。

　感情は，自分に対しては，安定状態を崩したりそこに戻したりして，「通常モード」と「緊急モード」の間を行ったり来たりさせる。また，「通常モード」の中でも「いつもとは違う順番」でものごとを考えたりさせる。そして，「憶えること」と「思い出すこと」を起こりやすくしている。他の人に対しては，こちらの様子を教えたり，相手にも感情を起こさせたり，行動を起こさせたりする。さらには，感情が感情を呼び起こすために，この感情という現象はどんどん広がっていくことがある。このように，感情は「通常モード」「意識的なもの」「自分自身」への捕らわれているものを解き放つ働きがあるといえるだろう。

　考えるに，我々は感情を解き放つが，感情もまた我々自身を解き放つ働きがある。このような働きが我々の中にあることにもし意味があるとしたなら，それは「人間は生きていく上で，その人自身の中にその人ならざるものを抱えていることが必要であるから」ということではないだろうか。その人自身の中にありながらその人自身とは言い切れないものは，その人自身を流動化させていく。それはその人を活性化させることも，脅かすこともできる。あえて理由を問うならば我々がそういうものを必要としているから，ということになるのではないだろうか。

　これを認めたとすると，今度は「なぜそういうものを我々は必要としているのだろうか」という問いが生まれてくる。まことに理由を問うという作業は果てしがないものである。

引用・参考文献

遠藤利彦（2006）．「情の理」論——情動の合理性をめぐる心理学的考究．東京大学出版会.

Levenson, R. W.（1999）. The intrapersonal functions of emotion. *Cognition and Emotion*, **13**, 481-504.

ピンカー，S.（著），椋田直子（訳）（2013）．心の仕組み．筑摩書房.

戸田正直（2005）．感情：人を動かしている適応プログラム．コレクション認知科学9，東京大学出版会.

学習課題

・感情によって崩された安定状態が別の感情によって元の安定状態に戻るとき，他の人の感情に与える影響にはどのようなものがあるだろうか．具体例を挙げて考えてみよう．

・感情のポジティブフィードバックループが大規模に生じたときに起こる社会現象にはどのようなものがあるか考えてみよう．

3 | 感情を表す
──表情のはなし

佐々木玲仁

《**目標＆ポイント**》　感情が人に伝わるとき，その主要なルートの１つは顔の表情である。この表情について，それをどう分類し，どのように扱うのかについて論じる。また，顔の表情にとどまらず，さまざまな形の感情の伝達ルートについて論じていく。

《**キーワード**》　表情，観察可能性，身体動作，文脈

　前章では感情がなぜあるのかということについて述べたが，その中の１つとして「人の感情が他の人に与える影響」を採り上げた。もしある人の感情が他の人の感情に影響するならば，その感情は何らかの形で相手に伝わっているはずである。本章ではその伝わるルートの主要なものとして，表情について論じていくことにする。一方で，感情が伝わるルートはもちろん顔の表情だけではない。その表情以外のルートについても触れていく。

1．観察可能なものとしての表情

　表情は我々の日常生活の中でもなじみ深いものである。なじみ深いどころか，「表情がある」ということ自体がなじみ深すぎて，むしろ，普段は意識に上らないくらいのものになっているのではないだろうか。しかし，意識に上らなくても，いやむしろ意識に上らないからこそ，我々は表情を感知し，表情に影響され，また表情を用いて何かを表現したりする。

　最も単純に見れば，表情は感情と一対一で結びついているように見える。怒った感情のときには怒った表情を，嬉しいときには嬉しい表情を，悲しいときには悲しい表情をというわけである。まずはこのシンプルな前提に則って話を進めていこう。

　嬉しいという感情が湧き起こったときに嬉しい表情をするというのは，一見，何も問題のない当たり前の話に思える。しかし，通常，「嬉しい表情」という言い方よりも「嬉しそうな表情」という言い方をしないだろうか。ここで「そうな」という言葉を使うということが意味するのは，まずは表情というものがそれを浮かべている本人ではなく，それを見ている他の人にとってのものだ，ということである。ある人の表情を見ることができるのは，他の人だけで，本人は見ることはできない。鏡を使って自分の顔を見ることはできるが，実際はそれは鏡の上の像を見ているので，それが自分の顔と表情であるということを仮定しているので自分の顔として認識しているということにすぎない。「嬉しそうな表情」とは，他の人から見てその人が嬉しいと感じているのではないかと推測するような表情のことである。

　その前提で，ここで論じておきたいのは，感情が先にあって，それが表情として外から観察できるところに顕れる，という考え方そのものである。直感的，日常的にはそれで問題ないであろう。それではここで，問いの立て方を変えてみよう。

　感情がなければ表情は生まれないだろうか。

　これには少なくとも2つの方法で例外を提示することができるだろう。1つは，表情を作ったことで感情が喚起されること，そしてもう1つは演技に関するものである。

　まず1つ目の，表情を作ったことで感情が喚起されることである。例えばこの文章を読んでいる読者が，読みながらとびきりの笑顔を無理や

り作ったとしよう。そのときには，自然ととびきりの笑顔になるような
ときと同じような感情は生まれないだろうか。とびきりの笑顔のときと
同じとは言わないものの少なくとも，笑顔を浮かべるときに近いような
感情は生まれないだろうか。そしてこの文章がとても楽しいものに思え
てくるということはないだろうか。

　次に，もし同じくこの文章を読みながら，眉間にしわをよせて不愉快
なときにするような表情を作ったらどうだろうか。そのときに，不愉快
な感情が生まれ，読んでいるこの文章にも不愉快な印象がついてしまう
かもしれない。このように，特に感情が生じていなくとも表情を意図的
に作ることであとから感情が生まれるということがあるのではないだろ
うか。

　もう1つは演技に関するものである。演技にも2通りのものがある。
1つは職業的な俳優が人に見せるために行うもので，もう1つは人が日
常的に行うものである。まず前者については，職業的な俳優は舞台の上
であるいは映像の中で，さまざまな表情を作る。そして，優れた俳優は
その表情を非常に細かく使い分ける。その使い分け方は，表情の大きさ
の使い分けと種類の使い分け，そして種類の混合の仕方に現れる。

　まず，大きさの使い分けでは，喜び一つをとってみても，「あまりの
嬉しさに我を忘れて狂喜乱舞するほどの喜びの表情」「予想を超えたよ
いことが起こったために相好を崩すような大きな喜びの表情」「想定の
範囲の中で最大限によいことが起こったときの納得の喜びの表情」「喜
んでよいことが起こったので，それを受けとめた余裕のある喜びの表情」
「あまりよくない状況の中で，それでも少しはましなことが起こったと
きの，せめてもの喜びの表情」「厳しい状況で笑顔を見せることがはば
かられるときに，それでも漏れてしまった微かな喜びの表情」などの大
きさの段階があり，しかも，上に挙げた個々の段階の間にも無数の細か

い目盛がある。このように，１つの表情もその大きさには非常に多くの段階がある。

　次に表情の種類の使い分けについて述べる。悲しみの表情を例にとってみよう。俳優は，一言で悲しみと呼ばれる表情についてもさまざまな種類を使い分けている。その表情は，悲しみが人に伝わってほしいのかそうでないのか，または意識的に悲しみの表情を浮かべようとしているのかそうでないのか，さらにはその悲しみに本人自身が気づいているのかいないのか，によって表情はそれぞれ異なる。さらに，これらの表情の種類は，喜びなら喜びの表情，悲しみなら悲しみの表情と１つの言葉で表現できるものばかりとは限らない。いやむしろ，実際の表情はそれらの複数の表情が入り交じったものの方が多いのではないか。「喜ぶべき状況でどうしても抑えきれない悲しみが混じってしまうことをごまかそうとする微笑み」「これから起こることへの期待に打ち震えて顔がほころびそうになりつついくらかの怖さもありその両方を悟られまいとして作る無表情」「あまりにも絶望的な状況を理解しているために起こりそうになるあきらめに混じる，このような状況がもたらされたことに対する怒りと，そのどちらも抑えつつ周囲を鼓舞するために作る余裕の表情」など，俳優は演劇の中でさまざまな複雑な表情を操って表現を行っていく。

　このように，大きさ，種類，組み合わせの複雑な使い分けで俳優は舞台の上の役の人物を演じていく。このときには，俳優の表情は俳優の内面の表現であるとはもちろん限らない。演技を作るときによって立つ技法によって俳優の演技の作り方は，演ずる役の内面の感情を作ってそこから自然に出てくる表情で演技する方法もあれば（スタニスラフスキー・システム），俳優の内面をまったく問わず，その行動を直接調整することで演技をし，表情も同じやり方で考える方法もある（現代口語演

劇理論）。いずれにしても，演技の最大の目的は観客に訴えることであり，俳優の内面を表現することは第一の目標にはなり得ない。

　これらのことを考えたとき，表情というものは常識的に考えられているように表情を浮かべている人の中にある感情と結びついているよりも，その表情を実際に目で見る他の人との結びつきが強いということがわかるだろう。その浮かべられた表情を見て他の人がどのように解釈するかというのはまた別の問題であるが，比喩的に言えば，人が浮かべた表情とそれを受け取る他人の距離の方が，表情を浮かべている人とその本人の感情との距離より「近い」。

　また，もう1つの問題は，感情がまず先にあり，表情がその表現として現れるという考え方は常に成り立つわけではないということである。表情が感情の表現として現れる場合もあるが，また表情を作ることで感情が動くという場合もある。両方の場合があるので，ここでもまた感情が表情を生み出し，逆に表情がまた感情を生み出すというループが成立していると考えることができる。そしてその表情は他の人との関係でも作り出されることから，このループは複雑な様相を見せていくことになる。

2. 表情のカテゴリー化——分割と文脈

　前節で論じたように，表情を単に感情が現れたものと考えることには無理がありそうである。これを考えるには，感情と表情のループ全体を考えに入れないと，実際的な表情の話はできそうもない。それではこの問題のとりかかりにはどのようなものがあるだろうか。

　このように表情について考えるときに，まず始めに，その表情をどう記述するかを考えることが必要になってくる。これまで述べた中に出てきたような，「はちきれんばかりの喜びの表情」というような表現は，

その中に「喜びの」という感情語が出てきているために，感情と表情の
対応を考える手段としては使えない。この用語では，喜びの表情は喜ん
だときに出る表情である，というふうな循環論法的な言い方しかできな
いからである。

　感情と表情の関係を考えるならば，表情は感情語によらないで表現さ
れる必要があるし，またそれは可能な限り表情を構成する顔の中にある
要素だけで語られる必要があるだろう。その対象となる顔は，目，鼻，
口，眉毛などの部分自体の形，それらの部分の顔面上での動き，そして
各部分と他の部分との位置関係によって原理的には記述することができ
るはずである。

　しかし，「はずである」とは書いたものの，これが容易なことではな
いということは，例えば何らかの絵画を分析しようとしたことのある人
にはわかってもらえるのではないだろうか。絵画を分析しようとする，
つまり，平面上に描かれたものを言語や数値に置き換えて，その置き換
えられた言葉や数値を見れば元の絵がどんなものかが再現できるような
表現は可能なのか。人間がすべての方法を試し尽くしたとは言いきれな
い以上不可能だと断言することはできないが，しかし極めて困難なこと
は確かだろう。絵画をある程度言葉や数値で表現することは可能だが，
多くのまったく異なった絵画が同じ言葉で表現されてしまうことも，同
じ絵を異なった言葉で表現されることも周知の事実である。むしろ，言
葉に置き換えきれないものが絵画であると言ってもいいくらいだろう。

　具体的には，例えば口一つとっても，その形を言葉や数値で表現する
のは難しい。まず，表情とは別に，口の形をどう言葉や数値で表現する
かというのが難しいだろう。数値にしても，例えば，「表情を作ってい
ないときの口の横幅と縦幅の比」という数値をとると，口が横に開きが
ちなのかそうでないのかがわかる。しかし，この数値が同じだからとい

って同じ口の形とはいえない。唇の厚さ，形，色など，さまざまな要素が効いてくる。これらを一つ一つ数値化すると，その口の形に近いものが再現されていくだろうが，今度はその数値が増えていって，結局全体像を把握することは難しくなる。

　では，動きの方はどうだろうか。表情は動きを伴うため，その変化に着目するのである。これなら少し記述はしやすそうである。千差万別である「形」を一応おいておいて，動きという意味では抽象化できるからである。口の両端を上げる，あるいは下げる，口を尖らす，唇を口の内側に巻き込む，口を少し開ける，口の片方の端だけを上げる，などさまざまな動きを言葉で表現することが可能である。表情はこの動きを用いて記述するのが，より実効的な方法のようだ。

　ところで，上の文章を読んだときに実際に口を動かしてみた人も多いのではないだろうか。そのときのことを思い出してほしいのだが，あるいはもう一度動かしてみてほしいのだが，そのときに口だけ動かすことはできただろうか。多くの場合，連動して顔の他の部分も動いてしまったに違いない。筆者の場合だと，口の端を横に広げると自然に上まぶたが上がって目の開きが大きくなり，やや鼻の穴が大きくなる。また，口をすぼめると，目が半開きになり眉間にしわが寄る。このように，動きに関していえば，口なら口と1つの部分だけを切り取って動かすことができるという仮定は，あまり自然なことだとは言えないようである。この表情を研究の対象としようとしたときに，無理を承知で1つの部分だけに対象を絞って，それについて中心的に研究を行うというアプローチもある。

　研究とはいつも，全体の現象の中で注目することとそれほど注目しないことを分別して，注目することを明らかにしようとする試みである。つまり，ある部分に光を当てて，それ以外の部分は捨てるという営みで

あるから，当然「どこに光を当てるか」という対象の区切り方がその研究のセンスとなる。

　さて，ここまで見てきたように，表情を考えようとすると考えに入れなければならない要素が非常に多くあり，それをすべて考慮しようとするのは極めて難しいことがわかる。そしてここでは，表情だけに限った話をしようとしているわけではなく，表情と感情の対応をつけるというのはどういうことかを考えているのであるから，前章で扱ったような感情自体の複雑さと相まって，ものごとはさらに複雑になる。

　そしてもう１つ，話が複雑になる要因がある。それは，表情そのものが時間の流れの中で変化すること，そして，ある１つの表情でも，どの表情の後に現れ，どの表情が後に続くかによって意味合いが異なることがあるということである。これを表情の文脈性と言っておこう。

　文脈というのは通常，文章について使われる用語である。同じ言葉でも，その置かれた位置や前後関係によって示すことが違ってくる。これと同じことが，表情についても生じるというのが表情の文脈性である。同じ笑顔でも，怒りの表情の後に現れ，笑顔になり，その後また怒りの表情が続くのであれば，「本当は強く怒っているけれども，一瞬だけ取り繕った笑顔を見せた」と受け取ることができるだろうし，悲しみの表情の後に現れ，笑顔になり，その後に穏やかな表情が続いたとすれば，何らかの問題が解決したことを示しているかもしれない。このように，同じような表情でもどのような文脈で現れるかによって，そこから読み取れるものは異なってくる。

　ここまで見てきたように，表情というものは，表情そのものの複雑性，感情との関連としての複雑性，そして文脈という複雑性が重なり合う，極めて複雑性の度合いの高い現象であるということがいえるだろう。そして，興味深いのは，この複雑さが極まっている現象について，我々は

日常的には「笑った表情」「怒っている表情」など，少数のカテゴリーで記述される現象として表情を捉えている。これは，天気が気圧や温度，湿度，日照，風の強さ，地形，時間帯など極めて多くの要素の絡み合いの結果，「晴れ」「曇り」「雨」などの少数のカテゴリーで日常的には表現されるという現象とよく似ているのではないだろうか。我々は複雑さがある程度の度合いを超えてしまうとごく単純なカテゴリーのものとして受け取ってしまうということなのかもしれない。逆に言うと，単純なカテゴリーで語られるものに対しては，これは極めて複雑な現象の絡み合いの結果かもしれないと疑ってみることが必要な場合もあるということではないだろうか。

3. 表情についての研究

　ここまで，我々が日常生活の中で出会い，使い，理解していると感じている表情が，ひとたびそのことを精密に論じようとするとどれほど複雑で捉えどころのないものであるかについて論じてきた。このような問題に，これまでどのような研究が行われてきたかについて見てみよう。

　研究者の中でも表情についてこのような見方をしたらよいと全員が同意したものはいまだになく，決定版と言える理論があるわけではない。それぞれの研究者がそれぞれの方向性で研究を行っている。その中で，表情研究の主要な方向性として「基本的情動理論」「構成要素的アプローチ」「次元論」の3つを紹介しよう。

　基本的情動理論は，まず，「喜び」「悲しみ」「恐れ」などの基本的な感情があり，その感情に対応した顔全体の表情がそれぞれあるということを前提としているという考え方である。この考え方では，表情というものの基本の単位は顔全体でどのような感情を表すか，ということであり，目や口などの個々の部分は顔という基本単位の一部であるというこ

とになる。これは我々の日常的感覚で理解しやすい考え方であるだろう。これに基づいて考えると，表情は「喜びの表情」「悲しみの表情」というように，感情と表情がワンセットで語られることになる。

　これに対して，構成要素的アプローチは，表情を考える基本の単位を目，口，眉などの個々の部分に置く。そして，感情は（顔というひとかたまりではなく）目や口などのそれぞれの部分にそれぞれ独立に表されるという考え方をとる。つまり，それぞれの感情は顔全体に現れるのではなく，それぞれの部位に表されると考えるのである。例えば，喜びを表す目，悲しみを表す口など，それぞれに個別に感情を表す。したがって，それぞれの感情に対応した顔全体の表情というものは想定しないのである。顔全体の表情は，あくまでそれを見た相手が，個々の部位に表された感情を読み取って，それらを組み合わせて構成すると見なすのである。構成要素的アプローチの考え方を用いると，表情の時間的な変化，つまりまず口が動き，次に目が動くというように，徐々に表情が変化していく様子を取り扱える。また，例えば口が喜びを表し，目が悲しみを表すというようにそれぞれの部位が別個の感情と結びついた表現をすることで，単に「喜び」「悲しみ」というのではない，複雑な感情の表現を捉えることができる。

　次に紹介するのは，次元論の考え方である。基本的情動理論も構成要素的アプローチも，まず喜びや悲しみのような，感情と呼ばれるひとかたまりがあることを前提とする，という面では共通していて，それが顔全体に反映するのか，それとも個々の部位に反映するのかという考え方の違いと理解することができる。この２つの考え方では，感情はそのまま表情に反映されると考えるのである。これに対して次元論では，表情には感情の一部分しか表現はされない，という考え方を採る。より正確に言うと，次元論では表情は，外部のことをどう受け取っているか，ど

のくらい快・不快を感じているか，そしてどの程度覚醒しているか，という基本的な内部状態を表すだけである。そして，その表情を見た観察者が，表情そのものに加えて，その表情を表した人がどのような状況にあるのか，どのような文脈でその表情が表されたのかによって，表情を表した人の内的な感情について推測するものだと考えるのである。したがって，次元論では，ある人の表情の写真を見ただけではその感情は推測できない，と考える。また，表情は顔に表れるのではなく，それを見た観察者が構成するのだということを前提とする。これは，表情は顔の上にあり，何らかの形で内面の感情と対応していると考える基本的情動理論や構成要素的アプローチとはまったく異なった前提である。

　ここまで見てきたように，表情に関する主要なアプローチを 3 つ採り上げてみても，それぞれの主張や前提は異なっている。それも，相当に根本的なところで異なっていると言える。前提が異なっているのだから，これは研究が進み，それらの枠組みの中でデータが集まっていったとしても何か 1 つの決定的な見方に到達するとは考えにくい状況にある。このように，我々が毎日見ている表情というありふれた現象でも，研究としての一致はみていないというのは，他の多くの感情や人格に関わる研究と同様の状況であると言えるだろう。

引用・参考文献

エクマン，P．（著），菅　靖彦（訳）(2006)．顔は口ほどに嘘をつく．河出書房新社．

遠藤利彦（2006)．「情の理」論――情動の合理性をめぐる心理学的考究．東京大学出版会．

平田オリザ（2004)．演技と演出．講談社．

スタニスラフスキー，K．（著），堀江新二・岩田　貴・安達紀子（訳）(2009)．俳優の仕事　第三部．未来社．

吉川左紀子・中村　真・益谷　真（編）(1993)．顔と心――顔の心理学入門．サイエンス社．

学習課題

・同じ表情でも異なる文脈に置かれたときに意味が異なって見えるという例について考えてみよう。

・表情が先にあり感情がそれについてきたと思われる自分自身の体験について考えてみよう。

4 | 感情の発達

大山泰宏

《目標＆ポイント》 感情は生まれたときから成人に至るまで，同じような様相を呈するわけではない。出生時からどのように感情が生まれ，どのように発達・変化していくのだろうか。そこには，単なる個人内での感情の成熟があるばかりでなく，他者との関わりの中で感情が発達し分化していく過程がある。そのような他者とのコミュニケーションや他者理解を含むことを主軸に，感情の発達について論じる。
《キーワード》 発達，一次感情，二次感情，情動調律，他者視点取得，共感

1. 感情の分化と発達──ルイスのモデルを中心に

（1）生物の進化と感情

　生物の進化を考えると，いったいどのあたりの生物から私たちは「感情」を感じ取るであろうか。その生物に感情を感じ取るというのは，要するに私たちが，世界や他者との関わりとして利用している一つのチャンネルが有効に働くということ，もっといえばその生物と共通のコミュニケーションの基盤の上にあるということである。感情はこちらからの思い入れによっては，生物でなくとも無生物にも感じるように思うことさえあるように，きわめて主観的なものであるのだが，まずはできるだけ客観的に次のようなことを想像してみよう。私たちは，昆虫に感情を感じるだろうか，魚に感情を感じるだろうか。それはおそらくは難しいであろう。では，両生類や爬虫類はどうであろうか。あるいは鳥類はど

うであろうか。これらの生物種とは，私たちは目を合わせることができない。感情の芽生えのようなものを感じ取ることができるかもしれないが，それらの生物種と比べると，哺乳類にいたっては，格段に私たちと「感情」のようなものを共有することができる。それらの生物は私たちに甘えてくることもあれば，怒りを向けてくることもある。飼い犬は飼い主が帰ってくれば尻尾を振って「喜ぶ」。両生類や爬虫類と比較すると，その「感情」はわかりやすいものであろう。

　進化心理学の知見からすれば，感情は哺乳類に至って急速に発達するものである。哺乳類は営巣し群れを作る。卵ではなく胎生で子どもが生まれ，授乳して育てていく。このように，他の個体と緊密に結びつき，親から育まれるということが，どうやら感情と関係しているようなのである。

　哺乳類の中でも，ヒトはとりわけ親を含む他の個体から育まれることが必要である。けっして産み落とされて一人で成長していくものではない。まさにヒトが人間となっていく過程で育まれていくことの中で，感情は重要な役割を果たし，そして感情が「発達」していくのである。

（2）ルイスの感情発達の理論

　生まれたばかりの赤ん坊に感情はあるのだろうか。それを育む者たちは，「機嫌がいい」とか「機嫌が悪い」とか，「喜んでいる」というように，「感情」を感じ取り，感情を赤ん坊に定位してはいる。しかしながら，それは私たちが成人に感じ，成人との間でコミュニケートする感情とは，ずいぶん異なるものであろう。赤ん坊が泣いているとき，それは悲しいから泣いているのだろうか，お腹がすいているから泣いているのだろうか，眠たいから泣いているのだろうか……。

　新生児においては，感情らしきものはあるにしても，それらは私たち

成人の感情のように，分化し細やかなニュアンスがあるようなものでは
ない。そうした未分化な感情が，成長発達していくに従って，だんだん
と複雑化し分化していく。このように単純で未分化だったものが，複雑
化し分化していく過程が，まさに発達と考えられている。

　感情の発達について，説得力ある説明としてしばしば参照されるもの
に，心理学者のルイスが提唱する理論がある（Lewis, 1993※, 2014）。
ルイスは，乳幼児の観察といくつかの実験結果を統合して，図 4 - 1 の
ような感情分化過程を考えた。まず感情は，一次感情（primary
emotion）と二次感情（secondary emotion）に大別される。一次感情は，
出生後の早い時期から見られるほぼ生得的に持っている感情であり，最
初の 6 ヶ月ぐらいまでに見られるものである。二次感情とはそこから他
者との交流や自己意識の発達に伴って生じてくる感情であると考えられ
ている。

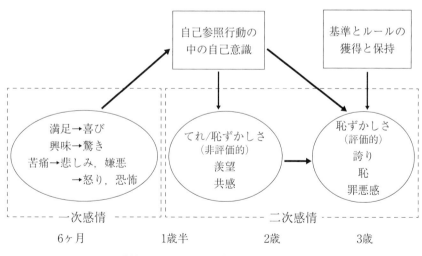

図 4 - 1　感情の分化と発達（Lewis, 1993, 2014を改変）

※西暦年は，①学説が発表または，提唱された年　②調査・研究が実施された年
　③出版物が刊行された年　などを表す。以下同様

a）一次感情

　ルイスによると，もっとも基礎的な一次感情は「苦痛」「満足」という両極の感情と「興味」の3つである。例えば空腹を覚えると苦痛となり，泣いたりむずかったりするが，授乳により満足する。乳児は外界からの刺激に興味を持って注意を向けたり，反応したりしている。やがて，満足から「喜び」が，興味から「驚き」が，そして「苦痛」からは「悲しみ」「嫌悪」が分化する。

　「悲しみ」は，満足した状態が失われた状態により生じる。例えば母親の近くにいて満足していたのが，母親がどこかへ行ってしまったような状況である。このような状況は，自分と他の人との関わりの中で生まれてくるものであり，自分一人でも生じる苦痛とはその点で異なっている。さらにそこには，母親にはそばにいてほしいという期待がある。「嫌悪」は，口の中に入った異物を吐き出したときなどに生じるが，これは自身にとって不快なものと接近してしまったり受け入れてしまったときに起きる感情である。それを遠ざけておきたいという期待を含むものである。さらに「怒り」「恐怖」が分化する。ここまで挙げてきた感情のうち，「興味」「悲しみ」「嫌悪」は自分の中で，というよりは他の人やものを必要としており，かつ単に受動的な反応ではないという意味で，「満足」や「苦痛」と異なっている。

　このような変化を経て，生まれてから4〜6ヶ月のころには「怒り」が生じてくる。怒りが生じるのは，何か自分が求めるものや目標があるときにそれを阻むものがあり，その阻むものに対して自分自身が何かの方法で乗り越えられる見込みがあるときである。ここには本人と，何か目標による対象やそれを阻む対象があり，対象に対する自分からの行動という要素が加わっている。さらに「恐れ」も生じるようになるが，これは外界のなじみのないものに対する感情である。よく知っているもの

となじみのないものを区別し，後者を恐れるものであるから，区別して比較するという能力が必要とされている。

興味からは「驚き」が分化してくるが，ここにも乳児の能力の発達が必要である。すなわち「驚き」とは，あらかじめ想定していた現象があり，実際に生じた現象がそれと異なっていたときに生じるものである。したがって，事が生じる前にそれを予想してイメージするという能力が必要なのである。

ここまで見てきたような感情の発達を振り返ると，そのときの感情は，乳児にどのような能力が生じているかについても示していることがわかる。初めは自分自身のことだけだったのが，次第に外界の人や物を対象として認識し，さらに自身の行動，対象の区別，まだ起こっていないことの予想という能力が加わってくる。感情の発達はこれらの能力の発達と強く結びついているのである。

b）二次感情

1歳を過ぎるころから現れるのが二次感情である。この感情は単に時期的に区切られているだけでなく，その性質もこれまでの一次感情とは質的に異なったものが生じてくるのであるが，引き続きルイスのモデルを参考にして見てみよう。

まず，「恥ずかしさ（てれ）」「羨望」「共感」である。これらの感情は，自己意識と深く関わっている。自分というものがあり，自分と他人を区別し，周りから見た自分というものがいることを意識することであり，その感情が生じるには，何らかの形で自分というものの存在がわかっているのでなければ説明できないという意味で，自己への意識が前提となる。例えば，「恥ずかしさ（てれ）」という感情が生じるためには，他の人が自分を注目しているという認識が必要である（遠藤，2013）。そして，自身が他の人を注目したときの体験をもとに，今，他の人が自分に注目

していると想像することが必要である。「羨望」も自分と他人を区別して、他人にあって自分にないものを感じた上で生じる感情であるから、自他の区別と、その差異の認識と比較が必要である。「共感」はどうであろうか。これは、自分と他人は違うということを前提にした上で、他人の置かれている状況や他人の喜び、怒りなどの感情を感じるものである。これも、他者と区別される自分がいることを感じるという意味で自己意識が必要である。

　3歳を過ぎるぐらいになると、「誇り」「恥」「罪悪感」が分化してくるという。これらの感情が生じるためには、自己評価や評価の基準、自分にとってのルールが獲得されていることが前提となる。他者の表象や他者との関係の意識ばかりでなく、内的な基準が必要なのである。自分にとって価値あることを成し遂げたら誇りを感じるであろう。自分にとって価値あることに失敗したら恥を感じるであろう。そしてそうした自分を否定的に評価して負い目（罪悪感）を感じるのである。

　このように、感情の複雑化と分化という発達は、感情自体のみではなく、他者意識や自己意識、さらには自己の内面性の発達ということと深く関連しているのである。やがてこの能力は、他者の内面や意図の理解にもつながっていくのである。

2. コミュニケーションの発達と感情

(1) 乳幼児の感情関連の相互作用

　本章の最初に述べたように、哺乳類が他の個体と関わりを持ち、共同生活を行ったり、育んだり育まれたりする上で、感情は重要なものである。乳児自体は「満足−苦痛」あるいは「快−不快」という単純で未分化な感情状態だとしても、大人から見れば、「微笑んでいる」ように見えることがある。これは「新生児微笑」と呼ばれるもので、決して感情

の表れではなく，単に表情が生理的にそうなっているだけである。しかしながら，そのような微笑の表情であることが，大人の「かわいい」という感情を呼び起こし，大人からの働きかけを引き起こすのである。3ヶ月ぐらいになると乳児は，もっと積極的に大人に表情でもって働きかけ，あるいは「興味」を持ったものに声を出して呼びかけようとするようになる。これは「社会的微笑」と呼ばれるもので，反応を積極的に引き出すのである。

　他にも乳児には，他者の感情を引き起こし感情での交流を引き起こす能力が備わっている。例えば，「舌出し模倣」（Meltzoff & Moore, 1977）という現象が知られている。これは，新生児の目の前で大人が舌を出したり引っ込めたりすると，赤ん坊はそれをまねして自分の舌を出したり引っ込めたりするというものである。舌を出すことばかりでなく，唇をとがらせて突き出したり，口をパクパクさせても模倣を行う。これは考えてみれば，不思議なことである。新生児はまず，視力が十分ではなく，他者の顔がはっきりと認識できているわけではない。さらに，視覚的に捉えた他者の顔の動きが，自分の顔のどの部分を動かすことに対応するのか，鏡を見たこともない新生児は知るはずがない。しかしそれにもかかわらず，同じような顔の動きをするのである。まったく同じ動きをするのでなくとも，リズム的に呼応しあうかのような共鳴もしばしば観察される。例えば，母親が，赤ん坊に声をリズミカルにかけると，その1秒から2秒後に赤ん坊は手足を動かして同調することが知られている（エントレインメント）。このような「共鳴」の現象は，まさに，他者の感情が伝播したり感じ取ったりして，感情的な交流を行っていく上での基盤となるものである。

　共鳴としての模倣は，他者の行動を意図的に模倣するというより，本能的に無意識的に生じる共鳴であり，子どもと養育者等との交流の基盤

となるものであった。ところが，生後 6 ヶ月ごろになると，また新たな形での感情的交流が開始される。乳幼児と大人とが，感情を相互に調整しあいながら形作っていくという現象が，見られるのである。これは，乳幼児に情動[1]のやりとりの能力と養育者の主観的世界を読み取る能力が始まることに支えられている。例えば，楽しい気分を味わっている子どもに，母親が情動面で共感するならば，子どもはそれを理解でき，子どもの側にも母親への情動的な同調を引き起こし，子どもの情動は一層強まり明確化される。あるいは，子どもが不安な情動を示したとき，母親が働きかけることで，それをなだめていくということもある。このように，母親と子どもの内的主観的体験が共有可能となって，母親が子どもの意図や情動を形作っていき，子どもも自分の情動状態を母親の情動状態と対応させることで，両者に主観的でありながら一体感のある，相互で共有された間主観的な領域が成立していくのである。このような両者の相互規定的な情動交流は，情動調律（affect attunement）と呼ばれる（Stern, 1985）。

　この時期の乳幼児がいかに養育者との情動のやりとりに敏感であるかは，トロニック（Tronick, E.）の無表情実験（still-face experiment）で端的に示されている（Tronick et al., 1975）。これは養育者と乳幼児との情緒的交流の場面の途中で，養育者が急に無表情となり静止し子どもに応答しなくなると，子どもはどのような反応と行動をとるかを示したものである。子どもはみるみるうちに不安になり，金切り声をあげ泣き始める。このことは，感情というものが，関係性の中で形作られ，関係性において表出されるというコミュニケーションをなしていることを示している。

1　Stern（1985）をもとにした記述であるので，邦訳書に従ってここでは「感情」ではなく「情動」という訳語を採用しているが，意味的にはこれまで述べてきた「感情」とほぼ同義である。

（2）他者の感情の理解

　他者の感情を私たちはどのように感じ取り，どのように理解するのであろうか。そしてその理解の能力はどのように発達していくのであろうか。

　近い距離にいる他の人がある感情状態になったときに，私たちには非常に短い時間で同じ感情が生起することがある。例えば，近くにいる人が泣いていれば，こちらまで悲しくなり「もらい泣き」をしてしまう。イライラしている人のそばにいると，こちらもイライラしてくる。これは感情伝播と呼ばれている。感情伝播は出生直後から観察される現象である。隣り合わせで寝ていた赤ん坊の一方が泣き始めると，もう一方がすぐ後を追って泣き始めるなどの例である。出生直後から見られることから，これは何らかの学習の結果ではなく，生まれてきたときに既に備わっている能力である。先述した「共鳴」と同じ現象である。

　感情伝播は，他者の感情を理解する基礎とはなり得るが，正確には感情の理解ではない。それは，感情を理解するというより，自動的に「感情がうつる」「感情に巻き込まれる」と言った方がよいであろう。感情を理解するというのは，そこから相手の内的な感情状態を推測する，さらには，その感情が生起する文脈や動機といったものを理解するということも含んでいるのである。先述した「情動調律」では，養育者と子どもの内的主観的体験が共有されるという意味で，感情を理解するということに近づいている。しかしながら，ここで乳幼児が感じているのはあくまで一体感であり，自分と他の人を分けた上で他の人の感情を理解しているわけではない。

　他者と自分を別の存在だと認識した上で相手の感情を理解することができるようになるのは，だいたい10ヶ月ごろからである。それは，他者の意図を理解する能力の発達と関連している。この時期には「三項関係」

が成立してくる。すなわち，自分と相手との二者の関係だけではなく，相手が注意や関心を向ける対象に，自分も注意や関心を向けるのである。ここでは，相手がそれに働きかけている意図や感情を理解し，また自分もそれに対して働きかけたり注意を向けたりすることで，相手との心のつながりを感じるというものである。例えば，この時期には，モノに対して相手が行った動作を，その意図をくみ取って反復することができるようになる。例えば，お互いで一つのボールを向かい合って交互に転がしあうような関係である。また，他者がまなざしを向けているのと同じ対象に，自分もまなざしを向けるという，共同注意の現象が見られる。人見知りなども10ヶ月ぐらいから生じるが，まさにそれは，相手が自分を見ているということがわかるからである。相手のまなざしを理解しているからである。

　社会的参照（social reference）という現象もこのころから見られる。これは，子どもが見慣れないものや珍しいものに出会ったときに，同じものを見ている大人の表情を見て，それに近づいたり避けたりするというものである。その大人の表情が微笑んでいれば近づき，また不快な表情をしていれば避けるという行動から，子どもは自分と同じものを見ている大人の表情を手がかりに，大人の感情を推測していると考えることができる。このことが成立するためには，大人の視線が自分と同じものに注がれていることと，それに対してある表情を浮かべている大人が抱いている感情の両方を理解している必要があるのである。

　Gibson & Walk（1960）の視覚的断崖の実験（visual cliff experiment）（図4-2）では，手前は市松模様の床だが途中から透明のガラス張りとなっている実験セットの上に子どもを置く。子どもは向こう側にいる養育者を見つけるとそこにハイハイしていくのだが，途中ガラス張りになるところからは，深い段差があるように見えるのでいったん立ち止まり，

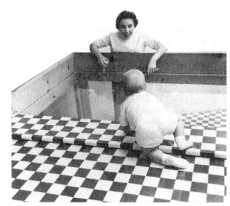

図 4 - 2　視覚的断崖（visual cliff）の実験（Gibson & Walk, 1960）

養育者の顔を見る。養育者が微笑みかければ，安心して進んでいく。しかし，養育者が不安な表情をすると，いくら魅力的な玩具が向こう側にあっても，決して進もうとはしない。大人の表情を読み取って，大人の感情状態を理解して，自らの行動を制御しているのである（ちなみに，山羊をこのセットに載せると，決して歩もうとはしない）。人間の子どもは，まさに，相手の感情状態を理解することで，自己の行動を制御しているのである。

（3）他者の視点取得と共感

　他者の感情を理解するということは，さらに複雑な心的過程を含んでいることもある。芥川龍之介の小説に『手巾』という短編がある。自分の息子の死を淡々と笑みさえ浮かべて報告する婦人の手元を偶然に見ると，白いハンカチが引き裂かれんばかりに握りしめられ震えていた，というのである。その表情と口調だけ見れば，もしかするとあまり悲しんでいないようで奇異に思うかもしれない。しかし，婦人は全身で悲しみ

を表現していたのである。

感情は，表情で表現されるばかりではない。顔で笑って心で泣いて，ということもある。あるいは，感情表出をまったく制御したり，ときには偽りの感情表出をしてみせたりすることさえある。他者の感情を理解するときには，直接的な感情表出から相手の心情を推測するばかりでなく，相手の置かれている状況や文脈，その人の普段の振る舞いの特徴などから，感情を推測するということも必要となるのである。このように，実は他者がどのように考えて，どのようにそのものごとを見ているのかということを理解することができる能力を，他者視点取得（perspective-taking）という。他者視点取得には，相手が持つ信念や意図を理解する認知的視点取得と，相手の感情を理解する感情的視点取得があるが，だいたい3歳から5歳までにその能力が獲得されると言われている（Wellman & Watson, 2001；Fabes et al., 1991）。

他者の感情の視点取得には，まずその状況とそこでの標準的な感情状態に関する知識が必要である。例えば，先ほどの『手巾』の例では，息子を亡くした母親はさぞかし悲しかろうという理解である。そして，ハンカチを握りしめ震える手から悲嘆の感情状態を読み取るという，表情以外での非言語的な手がかりから，感情を感じ取る能力である。さらには，まったく感情を制御して隠している場合は，本当は悲しいはずなのになぜ感情を表出しないのかという，相手の意図の理解が必要となる。他者が感情を制御して，真の感情ではなく見かけの感情を表出することがあるということを理解できるのは，6歳以降であると言われている（Harris et al., 1986）。

こうした他者の視点取得の能力は，共感という事態にも関わってくる。共感に関する理論は多々あるが，一般には共感には感情的な側面（情動的共感）と認知的な側面（認知的共感）とがあると言われている（Davis,

1994)。情動的共感とは，相手の感情状態がこちらに移ってくる，ある
いは相手の感情状態を代理的に感じ取るものである。これに対して認知
的共感とは，相手の視点に立って相手が見えている状況を推測する共感
のあり方で，これはまさに他者視点取得に関わってくる。情動的共感と
認知的共感とは，相互に関係しあいながら発達していくものである。既
に情動調律で説明したように，相手の内面の理解は，感情を感じ取り共
有することから始まる。また，視点取得により相手の文脈や立場を理解
する能力が高まることで，相手の感情を共有する可能性も広がっていく。
先ほどの『手巾』の例でいえば，あからさまに感情を表出するのではな
く，ぐっと堪えている心の機微がわかってこそ，その人の感情状態を共
有することができるであろう。

　共感には，このように感情状態を共有することと，相手の視点・文脈
を共有することの2つの側面が適切に存在することが必要である。あま
りにも情動的側面での共感が強いと，それは共感というより共鳴であり，
相手の本当の気持ちをないがしろにした独りよがりのものになる危険性
もある。逆に，認知的な共感だけでは，それは共感というより理解であ
って，温かみや親身さに欠けるものになるであろう。このように相手と
感情的・認知的に通じ合う一方で，完全に共感できることは決してない
ということを認識しておくことも必要であろう。相手と自分とは別の存
在である。完全にはわかりきれないということを自覚していてこそ，相
手をさらに知っていこう，理解していこうという態度が生じるのであ
る。

引用・参考文献

Davis, M.H. (1994). *Empathy: A social psychological approach*. Westview Press. (邦訳：菊池章夫訳 (1999). 共感の社会心理学. 川島書店.)

遠藤利彦 (2013). 「情の理」論──情動の合理性をめぐる心理学的考究. 東京大学出版会.

Fabes, R.A., Eisenberg, N., Nyman, M., & Michealieu, Q. (1991). Young children's appraisals of others' spontaneous emotional reactions. *Developmental Psychology*, **27**, 858-866.

Gibson, E.J. & Walk, R.D. (1960). The "visual cliff". *Scientific American*, **202**, 64-71.

Harris, P.L., Donnelly, K., Guz G.R., & Pitt-Watson, R. (1986). Children's understanding of the distinction between real and apparent emotion. *Child Development*, **57**, 895-909.

Lewis, M. (1993). The emergence of human emotions. In: M. Lewis & J. M. Haviland (Eds.). *Handbook of Emotions* (pp. 223-235). The Guilford Press.

Lewis, M. (2014). *The Rise of Consciousness and the Development of Emotional Life*. The Guilford Press.

Meltzoff, A. N. & Moore, M. K. (1977). Imitation of facial and manual gestures by human neonates. *Science*, **198**, 75-78.

Stern, D.N. (1985). *The Interpersonal World of the Infant: A view from psychoanalysis and developmental psychology*. Basic Books. (邦訳：小此木啓吾・丸田俊彦監訳, 神庭靖子・神庭重信訳 (1989). 乳児の対人世界──理論編. 岩崎学術出版社.)

Tronick, E., Adamson, L.B., Als, H., & Brazelton, T.B. (1975). Infant emotions in normal and pertubated interactions. Paper presented at the biennial meeting of the Society for Research in Child Development. Denver.

Wellman, H.M., Cross, D., & Watson, J. (2001). Meta-analysis of theory-of-mind development: the truth about false belief. *Child Development*, **72**, 655-684.

学習課題

・魚類，両生類，爬虫類，哺乳類，あるいは犬や猫，類人猿などの動物に，どのくらい感情を感じ取ることができるかを試してみよう。そして，感情を感じるとしたら，それはなぜなのか，また感じ取れないとしたらなぜなのかを考えてみよう。

・自分が誰かと会話しているとき，相手との間で生じている共鳴の動作について観察してみよう（同じ仕種，うなずきのタイミングなど）。

・ドラマや演劇で，どのように感情表現がなされているか観察してみよう。また，その感情がそのように表出される，その人の立場や視点，文脈について想像してみよう。

5 | 感情と記憶

大山泰宏

《**目標＆ポイント**》　感情は記憶に影響を与え，また記憶は感情に影響を与える。記憶の分類を踏まえつつ，それらが感情とどのように関連しているかについて，その研究手法に触れつつ論じていく。

《**キーワード**》　記憶，記銘，保持，想起，フラッシュバルブ記憶，フラッシュバック

---

1. 記憶の分類

　昔のことを思い出すとき，私たちにはそのときの感情や気分がよみがえってくることがある。大切にしていたペットが死んでしまったときの記憶，がんばって試験に合格したときの記憶，そこにはそれぞれの感情がある。あるいは逆に，特定の気持ちになったときに，私たちは昔のことを思い出すことがある。悲しいことがあったとき，かつて悲しみに暮れた日々のことを思い出す。このように，特定の記憶と感情とが結びついていることは多い。かつて日々を暮らしていた場所を久しぶりに訪れたとき，そのときの自分の感情をありありと思い出すのも，そのときの記憶と感情との結びつきである。

　このように，記憶と感情は深く結びついているが，その様相や仕組みはいかなるものであるのだろうか。それを考えていく上で，一口に記憶といってもいくつかの種類があることをまず整理しておきたい。

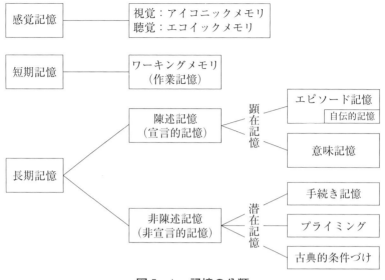

図 5 - 1　記憶の分類

（1）記憶の長さからの分類

　記憶は，図 5 - 1 に示すように，感覚記憶，短期記憶，長期記憶にま
ず大別される。感覚記憶とは，視覚や聴覚などの感覚器官にほんの短い
時間だけ残存する記憶である。感覚器官に刺激が与えられて，その感覚
神経の興奮が残存している状態で，せいぜい長くとも 1 秒程度のもので
ある。一コマ一コマは別々のはずの映画フィルムの映像がつながって動
いて見えるのも，この感覚記憶があるためである。味を感じるときも，
以前に口に入れたものによって，すぐ後に食べたものの味の感じ方が違
うのも，この感覚記憶である。

　短期記憶は，ワーキングメモリとも呼ばれる。私たちが何かを行うと
き，一時的に記憶を蓄えておく作業台のようなものである。電話番号を
手入力するときに頭の中で一時復唱していたり，料理を作るときに次に

はどんなことをするかといった手順を覚えているときなどは，この短期記憶が使われている。これも数十秒ぐらいのものである。

（2）多様な長期記憶

　私たちが日常的に「記憶」と呼んでいるものは，長期間残存する長期記憶のことである。長期記憶には，いくつかの異なる種類・性質のものがある（図5-1）。例えば，初めてスマホを買ったときのこと，家族で旅行に行ったときのことなどを覚えているとしよう。こうした記憶はエピソード記憶と呼ばれる。「記憶に残る」とか「記憶に新しい」というように，日常語で言うところの記憶とは，このエピソード記憶のことである。エピソード記憶の中でも，特に自分がいつ，どこで，何をして，どのようなことが起きたかという，自分自身の体験に基づいた具体的な記憶を，自伝的記憶と呼ぶこともある。

　これに対して，意味記憶というものがある。意味記憶とは，日常でいう「知識」に近く，ものの性質や事柄の意味に関する記憶である。「キリンの首は長い」とか「○○はスマホの機種の一つである」というものである。物の名前や言葉の意味，学術的な概念なども意味記憶である[1]。

　このエピソード記憶と意味記憶は，私たちが言葉で述べることができる記憶である。そのため陳述記憶（declarative memory，宣言的記憶）と呼ばれる。またこの種の記憶は，意図的に思い出すことができる記憶であることから，顕在記憶（explicit memory，明示的記憶）という分類もされる。

1　エピソード記憶と意味記憶は，その区別が明瞭にできないこともある。「人に連れられていった先で，今まで見たことのない鳥を見た」という記憶はエピソード記憶である。しかし，その鳥をそれから何度も見て図鑑で調べ，他の鳥との区別もつくようになって，それが「たくさん知っている鳥のうちの一つ」ということになれば，これはエピソード記憶が意味記憶に変化したといえる。また，本で知っていた地名は意味記憶だが，実際にそこに訪れて何かを体験すれば，その地名を含んだエピソード記憶が生まれるだろう。このように，記憶の分類は便宜的なもので，それぞれが独立してあるわけではない。

　これに対して，非陳述記憶（nondeclarative memory，非宣言的記憶）と呼ばれる長期記憶がある。この種の記憶は，私たちが言葉で説明することができないか，しようとしてもそれがかなり困難な記憶である。思い出そうとしても意識的にはつぶさに思い出せない，思い出しにくいことから，潜在記憶（implicit memory，暗示的記憶）とも呼ばれる。潜在記憶の代表的なものは，手続き記憶である。例えば，自転車に乗る，楽器を弾くということを行っているとき，そこでやっていることを私たちは逐一意識して言葉で説明できるであろうか。あるいは逐一説明したとしても，それを聞いた人はそのとおりにできるであろうか。その知や技を伝達するのであれば，「キリンは首が長い」という知識を伝えるのとは，まったく異なった伝え方が必要であり，同じような経験の繰り返しにより獲得されるしかない。そして，いったん手続き記憶が形成されると，それは意識的な処理を伴わず自動的に機能し，また長期間保存される。

　非陳述的で潜在的な記憶には，手続き記憶のほかに，プライミングと呼ばれるものがある。これは，以前に目にしたり聞いたりしていたことが，無意識のうちにその後の行動に影響を与えてしまうことである。例えば，朝に見たテレビでカレーライスが出てきていて，お昼ごはんに無意識のうちにカレーを選んでしまうようなことである。あるいは，医者という単語を見た後には，単語リストの中から看護師という単語が目に飛び込んでくる，あるいは，それを探し出すのが早くなるなどの現象である。これはまったく無意識のうちになされており，かつその効果も短期記憶よりずっと長く保存されている，長期記憶の一種である。ほかにも，潜在的な記憶には，古典的条件づけと呼ばれるものがある。例えば，幼少期に父親がいつも酔っ払って暴れていたという経験をしていたとしたら，酒の臭いをかいだだけで恐怖を感じるというような例である。「酒

の臭い」と「恐怖」という，もともとは関係ないはずの刺激と反応のつながりが，経験によって形成されているものである。

　潜在記憶は，通常は記憶していることそのものが本人にも他の人にもわからないが，何らかの形でその記憶が本人の行動や思考や感情に影響を与えていることがある。顕在記憶であれば，本人はその存在を知って，その人の中で位置づけることが可能だが，潜在記憶は自分自身では，その存在を説明することができず制御することが難しいため，むしろ感情に影響を与えてしまっていることが多い。

2. 感情が記憶に与える影響

（1）記憶の種類と感情との関係

　これまでは記憶の種類について説明してきたが，感情と記憶の関係を考えていく上で，記憶の過程についても確認しておきたい。

　感覚記憶，短期記憶，長期記憶のいずれにも，記銘，保持，想起の3つの過程が想定されている。記銘とは，外界から受けた刺激を，その記憶システムに保存するために変換することである。ものごとを憶えることとは，起こったことや考えたことを自分自身の中に蓄えることであり，「記憶する」と現在形の動詞で言うときは，この記銘の部分を指している。保持というのは，記銘したものを想起するまでの間，記憶として保存し続けていることである。保持時間は感覚記憶で最も短く，長期記憶が最も長い。想起とは，保持していることを一定の時間の後に思い出す（意識に上らせる）ことである。

　感情と記憶とが関係するというとき，3つの種類の記憶の3つの過程（合計9つのパターンが考えられる）のどこにどのように感情が影響を与えるのか，考えてみよう。感覚記憶においては，気分のよいときには，記銘と保持がよくなるというようなことがもしかするとあるかもしれな

い。しかし，感覚記憶自体が不安定で時間が短く，心理学的な測定にの
せることができないので，これを実証するのは大変困難である。短期記
憶への感情の影響はどうであろう。不安が高くなると，私たちは次に何
をしようとしていたか忘れてしまったり，物事の手順がよくわからなく
なったりすることを経験している。あるいは逆に，喜びの感情に満たさ
れても，「我を忘れて」しまい，まさにやろうとしていたことを忘れて
しまうこともある。短期記憶の保持には，そのことをリハーサルする
（内的に繰り返して覚えていようとしておく）ことや，記憶できる範囲
の中で情報を整理しておくことなどが必要なので，喜びや不安の感情に
満たされてしまうと，記憶を保持するための短期記憶の領域を十分に確
保できないためである。

（2）長期記憶と感情との関係

　感情と最も関係が深く，かつ多様な関係があり得るのが，長期記憶で
ある。長期記憶への感情の影響も，それが記銘，保持，想起のどの段階
で影響を与えるのかを区別しながら考えてみたい。

a）感情が伴うかどうかの影響

　まずは感情が記銘に与える影響である。これまでの研究によれば，感
情が記銘を促進する，つまり感情が伴うときの方がものごとを憶えやす
いという傾向が示されている。例えば Doerksen & Shimamura（2001）
では，快感情を与える語，不快感情を与える語，感情的に中立な語の3
パターンを実験的に呈示し，それらが呈示されたときの状況を後で思い
出してもらう課題を実験参加者に行ってもらったところ，快感情，不快
感情のいずれの場合も，中立語が呈示されたときよりも，遂行成績がよ
いということが示された。重要な事柄を記銘するときに，何らかの感情
状態にあると記銘されやすくなるという傾向が一般に示されており，ま

た記銘された内容も，感情の種類にかかわらず感情が高まった状態で記銘された方が，精緻で細部まで記憶されているといわれている。Levenson（1999）によれば，感情は一定の時間持続して残るために，ある感情状態で記憶されたものは，その一定程度の時間幅のことを一連の出来事としてパッケージ化して記銘されるので，情報として効率よく取り込むことができるという。

ｂ）感情の種類による影響

　感情を伴うかどうかだけでなく，伴った感情の種類によっても記憶に影響があることも知られているが，どのような感情がどのような効果をもたらすかについては，ポジティブな感情を喚起した出来事の方が記憶されやすいとするポジティブ優位説，ネガティブな感情を喚起した出来事の方が記憶されやすいのだとするネガティブ優位説，感情の種類ではなく感情の強度が重要なのだという説があり，見解の一致をみていない。

　こうして相互に相容れない研究結果が出てくるのは，記憶に関する研究の難しさと関連している。出来事が記憶されたかどうか（記銘されたかどうか）は，想起できるかどうかで測定するしかないが，想起されなかったとしても，想起に失敗しただけで実は記銘されているのかもしれない。あるいは記銘されたとしても，保持の段階で変容し失われたのかもしれない。また，どれくらいの期間保持されているのか（つまり，どのタイミングで想起させるのか）によっても，結果は異なってくるだろう。さらに，単語や数字などの単純なものを記憶する課題なのか，客観的知識としての意味記憶なのか，自分に関わるエピソード記憶なのかでも異なってくるであろう。加えて，その人の基本的な感情状態や気分が，ポジティブ感情に近いのかネガティブ感情に近いのかといったことによっても，ポジティブ感情とネガティブ感情のどちらを喚起した出来事の方が記憶されやすいかが異なってくるであろう。

　このように，長期記憶は種類も多く，かつその過程も複雑なので，どのような感情が長期記憶を促進するのかどうかということは，一筋縄ではいかない。しかしながら一般的に知られているのは，その出来事を記銘したときの感情と類似の感情状態にあるとき，その記憶は想起されやすくなるということである。例えば，悲しい気分のときに体験したことは，その体験自体は中立的なものであれ，同様の気分のときに想起しやすい。悲しみに打ちひしがれていたとき，アイスクリームを食べたとする。そうすると，悲しいときにアイスのことが思い出されるというような例である。これは，気分状態従属効果（気分依存効果，mood state dependency effect）と呼ばれる。

　気分状態従属効果と関連するものに，気分一致効果（mood congruency effect）というものがある。これは例えば，悲しみの感情状態にあるときには，過去の悲しかった記憶が思い出されやすくなるように，特定の感情価と一致する感情を伴う記憶が想起されやすいというものである。気分状態従属効果と気分一致効果は，明確に区別するのが難しい点もある。悲しいときにアイスを食べていたという経験は，悲しい気持ちを伴った記憶であり，そのときの悲しさを引き起こす原因となった体験の一部として記憶されているのであれば，それは「悲しい記憶」そのものと言えなくもないからである。

　先ほど引用したLevenson（1999）を再度参照するならば，感情状態と記憶の想起が関係するのは，状況における課題解決に関わる情報を，記憶の中から効率的に検索できるようにするためだと考えられている。すなわち，現在と同じ感情状態であったときのさまざまな記憶のパッケージを想起することで，現在の状況の課題解決のための有効な手がかりが効率的に探せるというのである。

（3） 気分誘導法

　感情が記憶にどのように影響を与えているかを調べるのが難しい理由は他にもある。感情はそもそも移ろうものであり，実験的に特定の感情状態に人を長く置いておくのは難しい。また，感情は主観的なものであり，その人がどんな感情状態にあるのかということは，外部からは厳密に判断しようがないからである。

　感情の影響を実験的に行うために，何らかの刺激で感情を誘発するという手法がとられる。気分誘導法と呼ばれる方法である。気分誘導法にはいくつかの方法があるが，例えば，言葉で「気分がよい」「うれしい気持ちである」「気持ちが落ち込んでいる」などの文章を読み上げてもらい，特定の気分（感情）に導こうとする方法である。しかし，その言葉で実際にその感情が誘発されているかどうかは確認できない。また研究者の意図がそのまま伝わってしまい，それが回答に影響を及ぼす可能性も高い。ほかにも，その感情を喚起すると思われる文章や映像などを読んだり見たり，あるいは特定の感情を引き起こすような音楽を聴いてもらうといった方法もある。確かに，映画・文学・音楽などの作品は，私たちの感情に訴えかけてくる力は大きいので，これは有効な方法に思える。しかし，もし記憶と感情の研究にこの方法を用いると，その作品に触れたことそのものが記憶に影響を与えてしまい，目的の研究に到達しない可能性がある。また，作品が芸術作品として優れていればいるほどその受け取り方には個人差が生じてしまうだろう。そのために，作品の選定は実際には非常に難しいものになる。ほかにも，気分誘導法には，課題達成度を操作したり報酬を与えたりすることで，特定の感情を喚起するという方法がある。ポジティブな感情を喚起するためには，課題達成がよくできるように操作し報酬を与え，ネガティブな感情を喚起するためには，低い成績を与えるというものである。しかし，これは言って

みれば嘘をついてその人を誘導させるわけであるから，研究倫理的に問題が生じやすい。

　このように気分誘導法には多くの問題もあるが，感情の影響を調べる実験パラダイムとしては，多く用いられており，その限界もふまえた上で知見が積み重ねられている。

（4）保持された記憶と感情

　ここまで，記憶の記銘と想起に感情が与える影響を述べてきたが，では，保持についてはどうなのだろうか。

　自伝的記憶に関する Fivush et al.（2003）の研究では，ポジティブな出来事に関する記憶では「人物」や「事物」といった外的な事象についての言及が多いが，ネガティブな出来事に関する記憶では「内的状態」への言及が多いということが示された。また，ネガティブな出来事に関する語りの方が，時系列や因果関係で語られたり，まとめや解釈が付加されるという，話のまとまり（一貫性をもって語られる）の度合いが高かったという。楽しい出来事は，その出来事の意味を考えなくともよいが，ネガティブな出来事は，その意味を考えたり，まとまりがつくように内的な作業を行ったりする必要があるがゆえであると考えられている。

　記憶が保持されるといっても，それは単なるデータとして保存されているのではない。保持されている記憶は，折にふれて想起され，それがその想起時の体験や感情と結びつき，再解釈され，そして再び記銘される。このように記憶は，記銘，保持，想起の循環を繰り返して，次第に変容していく。このことは，ネガティブな経験やその記憶によって苦しんだ人が，心理療法の場でそのことを語ることによって，自分自身の中に位置づけていくというプロセスに関連していると考えられる。心理療法については第14章で再び採り上げる。

3．感情と記憶の複雑な関係

（1）記憶の無意図的想起と感情

　記憶は，論理的に場合分けして考えるならば，「思い出そうとするか
どうか」と「実際に思い出すかどうか」によって，①思い出そうとして
思い出せるもの，②思い出そうとして思い出せないもの（記銘したとい
うことは想起できても，記銘した内容は想起できない），③思い出そう
としなくても思い出してしまうもの，④思い出そうともせず実際思い出
さないもの（記憶していること自体がわからないため扱われない）に分
けて考えることができよう。本章でこれまで述べてきた記憶と感情の関
係に関する議論では，記憶を「思い出そうとして思い出せるもの」に限
っていた。しかしながら，感情を強く伴った記憶には，思い出そうとし
ても思い出せないもの，思い出したくないのに思い出してしまうものが
あることは，私たちは日常生活で体験しているであろう。さらには，極
度にネガティブな体験は，自分ではまったく思い出せないということも
ある。

　思い出そうとしなくても思い出してしまう記憶の想起は，無意図的想
起と呼ばれている。プルーストの小説『失われた時を求めて』の冒頭で
は，紅茶に浸したマドレーヌの味と香りから，何かの記憶が「私」の中
で強い感情を伴って強烈にうごめき始め，それがエピソード記憶として
想起されるまでにしばらく時間が必要であった。また，村上春樹の小説
では，飛行機が空港に着陸して，天井のスピーカーから小さな音で，ビ
ートルズの『ノルウェイの森』が流れだしたときに，「僕」は激しく混
乱し動揺し，一挙に20年前の出来事を思い出す。記憶の無意図的想起は，
意識的な制御を利かせることができる意図的想起よりも，想起時に体験
される感情が強いという（山本，2018）。

（2）フラッシュバルブ記憶とフラッシュバック

　強烈な感情を伴う記憶に，フラッシュバルブ記憶と呼ばれるものがある。フラッシュバルブとは，カメラのストロボが開発される前に使用されていた，閃光電球のことである。まるで，その閃光によって克明に隅々が写されるように，フラッシュバルブ記憶とは，その出来事があったときの場面を細部まで克明に覚えている記憶である。例えば，大きな事故，災害，あるいは事件の報道に遭遇し強い感情的体験をもたらしたときの場面に関する記憶であり，そのときどこにいたか，誰がいたか，何をしていたか，どう感じたか，その後どうしたか等の詳細な情報を含むという（Brown & Kulik, 1977）。

　フラッシュバルブ記憶は，詳細に目に焼きついた記憶ではあるが，それが変容していくことも知られている（Neisser & Harsch, 1992）。目に焼きついた記憶は，しばしば想起され，想起時の体験を伴い再記銘されるがゆえに，次第に変容していくのである。また，インパクトのある重要な出来事は，しばしば再報道されるので，それによって記憶は強化されつつも変容していくとも言われている。

　フラッシュバルブ記憶と名前を混同しやすいものに，フラッシュバックがある。フラッシュバックは，フラッシュバルブ記憶と同じように，強い感情を伴う鮮明な記憶であるが，別の形態の記憶である。フラッシュバックは，フラッシュバルブ記憶と違って，一般に意図的想起ができない。無意図的に想起されてしまい，強い感情を伴う。その記憶は普段は思い出すことができないのだが，何かその記憶に関連するような微細な出来事や兆候をきっかけに，一挙に意識の中に侵入してきて，鮮明に強烈な感情を伴って想起されるのである。またフラッシュバルブ記憶が変容していくのに対して，フラッシュバックとして出てくる記憶は，時間が経ってもほとんど変容しないという性質がある。それが変容するた

めには，心理療法などの特別な介入が必要である。

　フラッシュバックで想起される記憶は，自分に関する出来事の記憶の一種であるにしても，自伝的記憶ではない。それは，心的外傷に関する記憶であることがしばしばであるように，陳述記憶として体系づけたり意味づけたりすることに失敗した記憶，自分で意味づけることができない記憶であり，他の記憶の体系からは分離されたままである。それは，非陳述記憶として潜在記憶の一種である。フラッシュバックは，記憶と感情に関する脳の仕組みと深く関連しているが，このことは次章で説明する。

（3）なつかしさと記憶

　「なつかしさ」も，記憶と感情との関係にまつわるものである。「なつかしい」という感情は，ポジティブ感情でもネガティブ感情でもない。かつての楽しかった日々をなつかしく思い出すばかりでなく，辛かったネガティブな体験も，今となっては「なつかしく」思い出されるかもしれない。失恋の記憶も，甘酸っぱい思い出であるように。

　さらに私たちが「なつかしい」という感情を持つ対象は，必ずしも，自分が体験したことばかりではない。藁葺き屋根の家，下町の風景，レトロなデザイン，そうしたものにもなつかしさを感じるのは，考えてみれば不思議なことである。

　「なつかしさ（ノスタルジア）」というこの不思議な感情について，心理学のさまざまな分野で研究がなされている。例えば，なつかしさを感じるとき，人はソーシャルサポートに関する感受性が高まる（Zhou et al., 2008），孤独や存在の脅威を感じずにすむ（Routledge et al., 2008; Juhl et al., 2010），自己の連続性の感覚を回復する（Davis, 1979），などの，なつかしさの「効果」に関する研究がある。何をなつかしく感じる

かということには，文化的な影響もある。大都会のマンションで生まれ
育った人でも下町の風景になつかしさを感じるのは，文化的に形成され
表象される故郷や「昔の町」のイメージに関連しているからである。し
かしその風景は，外国人にとっては異国情緒あふれるエキゾチックな風
景であろう。いずれにしても「なつかしさ」は，私たちがさまざまな体
験や記憶を意味づけ，つなげ，体系づけていく複雑な営みに関連してい
るのである。

引用・参考文献

Brown, R. & Kulik, J. (1977). Flashbulb memories. *Cognition*, **5**, 73-99.

Davis F. (1979). *Yearning for yesterday: A sociology of nostalgia*. Free Press.

Doerksen, S. & Shimamura, A. (2001). Source memory enhancement for emotional words. *Emotion*, **1**, 5-11.

Fivush, R., Hazzard, A., Sales, J. M., Sarfati, D., & Brown, T. (2003). Creating coherence out of chaos? Children's narratives of emotionally positive and negative events. *Applied Cognitive Psychology*, **17**, 1-19.

Juhl, J., Routledge, C., Arndt, J., Sedikides, C., & Wildschut, T. (2010). Fighting the future with the past: Nostalgia buffers existential threat. *Journal of Research in Personality*, **44**, 309-314.

Levenson, R. W. (1999). The interpersonal functions of emotion. *Cognition and Emotion*, **13**, 481-504.

Neisser, U. & Harsch, N. (1992). Phantom flashbulbs: False recollections of hearing the news about Challenger. In: E. Winograd & U. Neisser (Eds.). *Affect and Accuracy in Recall: Studies of "flashbulb" memories* (pp. 9-31). Cambridge University Press.

Routledge, C., Arndt, J., Sedikides, C., & Wildschut, T. (2008). A blast from the past: The terror management function of nostalgia. *Journal of Experimental*

Social Psychology, 44, 132-140.

山本晃輔 (2018). 情動知能の個人差と無意図的に想起される自伝的記憶との関係性. 大阪産業大学人間環境論集，**17**，59-68.

Zhou, X., Sedikides, C., Wildschut, T., & Gao, D. G. (2008). Counteracting loneliness: on the restorative function of nostalgia. *Psychological Science*, **19**, 1023-1029.

学習課題

・記憶と感情の関係を調べる気分誘導法という実験手法について，1）気分や感情を誘導する方法には，他にどのようなものが考えられるか，2）その方法のメリットとデメリットはどのような点か，ということについて，いくつか具体的に想定して考えてみよう。

・あなたには，どのようなフラッシュバルブ記憶があるか。そのときの感情はどのようなものか。そしてその詳細な記憶は，事実や他の人の証言と，どの程度一致しているか，どのような点が異なっているのかを調べてみよう。もし記憶が変容しているとしたら，なぜそのような変容が生じたのかを，考えてみよう。

・あなたがなつかしく感じるものは，どのようなものだろうか。そして，なぜそれをなつかしく感じるのか，考えてみよう。

6 | 感情の生理的基盤

| 大山泰宏

《**目標＆ポイント**》　感情が脳神経系およびその他の身体と，どのような関係を持っているのかについて論じる。脳神経系は感情との関連がとりわけ深いが，それ以外の身体部分も，感情の生起との関わりが指摘されている。本章では，感情の生理的身体・基盤に関する基礎的な事項について学ぶとともに，その研究方法にも触れつつ論じていく。

《**キーワード**》　感情の末梢起源説と中枢起源説，感情の2要因説，認知的評価理論，大脳辺縁系，ソマティック・マーカー仮説

1. 感情と身体

（1）感情に関連する神経系

　感情と身体が関係していそうだということは，私たちは心理学的な知識がなくとも直感できるであろう。顔を真っ赤にして怒る，悲しいと涙が出てくる，驚くと腰が抜ける，緊張すると体が震える……。このように，少し注意を向けて観察すると，感情と身体状態との関連は，いくらでも見いだせる。

　では，感情と身体は，どのように関わっているのか，どんな仕組みがそこにあるのだろうか。これを説明することは，実はかなり複雑で難しく，現代でも諸説あり完全には解明されていない。本章ではごく基本的なことにとどまるが，その仕組みについて説明したい。そのために，まずは感情と身体との関連に関する神経・生理学的な知識について，概観

しておこう。

　身体において，感情に深く関わるのは神経系である。神経系は，知覚によって外界からの情報を取り入れ処理し，運動によって外界に働きかけるとともに，身体の状態や動きをコントロールしている，情報処理と情報伝達に関わる器官である。神経系は，中枢神経系と末梢神経系とに大きく二分される。中枢神経系は，情報処理に関わり，末梢神経系は情報の伝達に関わる。さらにそれらは，機能や働きによって細かく分類される。図6-1にまとめておいたので参照されたい。それぞれの神経系について説明することは本科目の範囲を超えるので省略するが，このうち特に感情に関連するものについて述べてみたい。

　感情に大きく関連するのは，中枢神経系の中では脳，とりわけ大脳である。末梢神経系の中では，自律神経系（交感神経系・副交感神経系）である。

　大脳は，感情のいわばコントロールセンターである。そして，末梢神経系の一種である自律神経系は，感情の状態を身体の各部に伝達して，その感情にふさわしい身体の状態を作り出す役割を持つものである。例

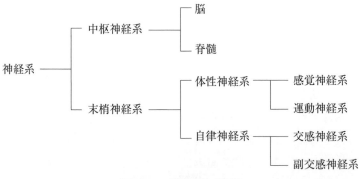

図6-1　神経系の分類

えば，恐怖の感情のとき，大脳辺縁系の中の扁桃体と呼ばれる部位が活
動し，その活動と連動して交感神経系の活動が活発となり，発汗，筋緊
張，心拍数の上昇，血圧の上昇，血糖値の上昇などが生じる。扁桃体の
活動は，大脳新皮質にも伝わり，恐怖に関連する過去の記憶も活性化さ
せる。このように感情は，中枢神経系と末梢神経系が連動しながら生じ
ているということを，まずは理解しておきたい。

（２）泣くから悲しいのか，悲しいから泣くのか

　感情においては，中枢神経系と末梢神経系が連動しているにしても，
では，どちらの働きが先なのだろうか。すなわち，中枢神経系が特定の
感情状態を作り出し，指令を末梢神経系に出しているのだろうか。それ
とも，末梢神経系が活動して，その状態を中枢神経系が認知することで
特定の感情状態が生じているのだろうか。

　「悲しいから泣く」のか「泣くから悲しい」のか。この２つの対立す
る仮説は誰でも一度は聞いたことがあろう。私たちは日常的な理解では
「悲しいから泣く」のだと思っている。実際，歴史的にも長らく，悲し
みという精神状態が泣くという行動を引き起こすと考えられていた。し
かし，19世紀末に人間の心身の関連についての別の仮説が提出された。
それは，「泣く」という行動とそれに対応する身体の生理的状態がまず
あって，それが認知されることで悲しい感情を引き起こすのではないか
という考えである。これは，ジェームズ・ランゲ説，あるいは感情（情
動）の末梢起源説と呼ばれる。この説は19世紀末に，アメリカの心理学
者ジェームズ，W.（James, 1884）とデンマークの心理学者ランゲ，C.
（Lange, 1885）によって，ほぼ同時期に提出された説である。たしかに
悲しいときでも口角を上げて笑顔になると，気持ちが少し楽になる。こ
の説は一理ありそうである。

　もしジェームズ・ランゲ説に立つならば，悲しみ，喜び，怒りなどの感情には，それぞれに固有に対応する生理的状態がなければならないことになる。しかしながら，それらのいずれの感情においても，身体の生理的状態は，心拍数や血圧の上昇といった共通するものであることが，後にわかってきた。同じ身体状態からなぜ異なる感情が生じるのかは，感情の末梢起源説では説明できないのである。

　感情の末梢起源説を批判する形で1927年にキャノン，W. B.（Canon, 1927）が提唱し後にバード，P.（Bard, 1929）が実験で証明し精緻化したのが，キャノン・バード説，あるいは感情の中枢起源説と呼ばれるものである。この仮説では，感情がまず脳で生じて，それに対応した身体の生理学的変化が生じると考える。身体の外や中のさまざまな状況からの刺激を受けて，脳（なかでも視床と視床下部）が活性化し，神経系を通じて身体の各部に情報が送られ，身体運動や生理的な変化が生じるというのである。また，脳内では視床から大脳皮質に情報が送られて，私たちが悲しいとか楽しいとか認識するような感情が生じるという考え方である。

（3）感情の2要因説

　感情の中枢起源説は，これを突き詰めると，身体の生理学的変化は付随的なもの，2次的なものとなってしまう。しかしながら，何の身体的状態の変化もない感情というものがあり得るのか，感情は必ず身体の状態を伴っているものではないか，という疑問が出てきた。こうしたことから，再び感情における身体の役割を考慮して提唱されたのが，感情の2要因説と呼ばれるものである。すなわち，何らかの身体の状態（生理的覚醒）がまず生じていて，その状態変化を意味づける（原因帰属）ことによって，感情が生じるのだという仮説である。

　この理論を提唱したシャクターとシンガー（Schachter & Singer, 1962）による実験を紹介しよう。彼らは，実験参加者にアドレナリン（エピネフリン）を注射し，与えられた情報や状況によって，生起する感情に違いがあるかどうかを調べた。アドレナリンには，心拍数が増加し呼吸が増え，手が震えるなどの興奮作用がある。彼らは，アドレナリンを注射した実験参加者を，次の 3 群に分けた。すなわち，アドレナリンの興奮作用について正しい情報を与えられた適切情報群，何も情報を与えられなかった無情報群，鎮静作用があるという間違った情報を与えられた不適切情報群の 3 群である。これに加え，何ら生理的興奮は生じない生理食塩水を投与した，比較対照群が用意された。そして，それらの実験参加者の周囲に，感情的行動（楽しそうな振る舞い，怒りの振る舞い）をする人（実験用のサクラ）がいたときの，参加者の感情の高まり具合を調べたのである。この実験の結果，アドレナリンを注射されていても，その生理的興奮の作用を説明されていた適切情報群では，感情の生起の自覚は弱く，無情報群と不適切情報群では，感情を昂ぶらせた。生理食塩水の群は，それほど大きな変化は見られなかった。ここから考えられるのは，心拍数や呼吸が増えたことを薬物のせいだと考えることができない人は，その「ドキドキ」を自分自身の怒りや楽しさのせいだと理解したのである。この実験からは，生理的・身体的変化が同じでも，状況の解釈と自分の身体状態の理由づけによって，感情の生起が異なるということが明確に示された。感情には，生理的な覚醒とそれに対しての認知のどちらも影響しているということが，証明されたのである。

（4）　感情の認知的評価理論

　感情の 2 要因説も，しかしまだ感情を十分に説明しきれるものではなかった。というのも，例えば私たちが猛獣に出くわしたら，私たちはす

ぐさま恐怖を感じて逃げるであろう。このように感情が生起してとっさに回避するという行動をとるのは，私たちがその状況を認知して身体の生理的変化を意味づけるというような悠長なものではなく，即座のものである。出くわした「それ」が何であったか，後で振り返ってようやくわかるということもあるだろう。実際，前章で挙げたフラッシュバックの例など，私たちがその理由を認識できなくとも，恐怖の感情が生じている。このような現象は，どのように説明できるのか。

　ここで登場したのが，感情の認知的評価理論である。アーノルド，M. B.（Arnold, 1960）が提唱しラザルス，R. S.（Lazarus, 1966）が発展させたこの理論では，感情は二段階に分けて考えられる。第一の段階（1次評価）では，感情は状況に対してそれが自分にとって，近づくべきか離れるべきか（プラスの影響があるかマイナスの影響があるか），意味あることか意味ないことかなど，関わりの方向性が無意識のうちに自動的に評価される。例えば，犬から吠えられるという状況があったとしよう。そのとき，犬に恐怖を感じるのか，それを自分には関係のないこととして気に留めないのか，自分に関係ないけど気になることと評価するのか，自分に敵意が向けられていると評価するのかで，その事象と自分との関連づけがそもそも異なってくるであろう。この段階が1次評価（1次的評価）と呼ばれるものであり，外界の事象を自分がどう受け取るかという，事象と自分との関係性の評価である。この過程は，無意識的に行われ，この1次評価に対応した感情がまず生じる。続けて2次評価が行われる。2次評価とは，1次評価を受けて，その状況に対処可能かどうか，どう対処するかについての評価である。例えば，「犬が吠えるのが気になる」という場合でも，耳をふさげば大丈夫と考えて安心するか，また吠えられるとイヤだなと気持ちが沈むのか，過去に自分が犬を手なづけた経験を思い出して，犬をかわいく思うのか，犬を気にした自分を

イヤに思うかなどの多様な反応であり得る。こうして 2 次評価に対応する感情が生じるのである。

　感情の認知的評価理論では，1 次評価で生じる感情に含まれるのは，その人の主観的な体験や，もともとその人がどのように考えたり行動したりする傾向にあるかということのほか，身体的な状態の変化，そして思わず出てしまう表情なども含まれると考えられている（つまり，あまり意識せずに生じるものである）。そして，それらを含む感情の結果，第二の段階として，何らかの応答として 2 次的な感情が生じたり行動が生じたりするのである。この 2 次評価による行動や感情は，その前の段階の 1 次評価にも影響を及ぼす（犬を手なづけることができると思うと，恐怖はなくなるであろう）。そしてさらには，外界との関係に影響を及ぼすのである。このように，認知→感情→応答と進み，応答が認知や感情に影響を及ぼすというループが想定されている。感情の認知的評価理論はこのように，感情と状況とは独立に存在するのではなく，それぞれが相互作用しあいながら生じているところに着目した説である。

2. 感情と脳神経系

　感情には身体が関与していることはこれまで述べてきたとおりだが，ここではその身体の一部として脳を採り上げ，その感情との関わり方について論じていくことにしよう。これまで見てきたように，脳の活動は感情の専一的な起源ではなく，感情の結果というわけでもなさそうである。さしあたり，ある感情が生じているときに脳はどのような状態になっているのかということを問題として設定し，さまざまな角度から検討を行っていこう。

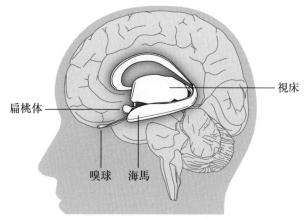

視床

扁桃体

嗅球　海馬

図6-2　大脳辺縁系

（1）脳の構造

　その準備として，まず脳の解剖学的な構造について確認しておきたい。解剖学的な構造とは，可視的な脳の形や区分に基づく構造である。大脳，小脳，脳幹などの部分に分かれていることは周知であるが，なかでも大脳辺縁系と呼ばれる部分が，感情の生起に関連しているということが知られている（図6-2）。大脳辺縁系は，視 床，海馬，扁桃体，そして嗅 球と呼ばれる部分からなっている。視床は間脳の一部であり，嗅覚以外の感覚神経はすべてこの視床を中継して，脳皮質の各部位へとつながっている。嗅覚情報は嗅球を経由して脳皮質に送られる。海馬は，入力されてきた情報がいったん短期記憶として貯蔵されている場所であり，ここで整理された情報が大脳皮質に送られて長期記憶となる。扁桃体は，感情反応の処理，感情の記憶に関係している。扁桃体と海馬については，後で詳述する。

　重要なのは，感情をつかさどる部位，感覚が集約される部位，短期記

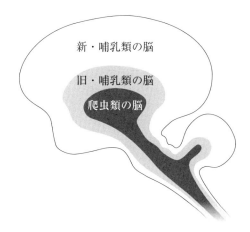

新・哺乳類の脳

旧・哺乳類の脳

爬虫類の脳

図 6-3　マクリーンの三位一体脳仮説（MacLean（1990）を改変）

憶がいったん貯蔵される部位の 3 つが近接し大脳辺縁系という一つのシ
ステムを作っているということである。これらの 3 つが連動することで，
外界からの情報は大脳皮質で意味づけられたり認識されたりする以前
に，当面の生存（危険の回避や有益な対象への接近）に関わるものであ
るかどうかが，判断されているのである。また，この大脳辺縁系は，脳
の研究者マクリーン（MacLean, 1990）の脳の「三位一体説」によると，
旧・哺乳類の脳として位置づけられている。脳の三位一体説では，生物
の進化に従って，基本的な生命の維持に関わる脳幹（爬虫類の脳）の上
に，愛着や感情に関わる大脳辺縁系（旧・哺乳類の脳），高次の情報処
理に関わる新・哺乳類の脳が覆い被さっているというものである（図 6
-3）。すなわち，大脳辺縁系は，高次の情報処理がされる以前に，他の
個体と感情によってつながり，集団生活や子育てを行うことで生存して
いくことに関わっているのである。

（2）感情と身体の関連を測定する方法

　では，どのようにして感情に関わる脳のメカニズムは特定されるのか，その研究方法について述べてみたい。その方法は，損傷研究，電気生理的研究，脳機能画像研究の3つに大きく分類される。

　損傷研究は，脳に物理的な損傷を受けた人の行動や感情表出と，脳の損傷の部位や度合いを対応させて比較する方法である。これにより，損傷を受けた脳の部位の働きを推測することができるというのである。動物実験では，人工的に特定の部位を損傷させて，行動や反応の変化を見る。電気生理的研究は，脳波を用いる研究である。脳の中では極めて多数の脳神経細胞が電気信号を送りあっており，それらの個々の信号が，脳全体として一つの大きな電位分布を作り出しているので，頭皮に数箇所，電位の測定器を配置し，測定器間の電位の差を測定してそれを時間的に展開して記録するのである。脳機能画像研究は，脳の血管を流れる血液の位置と流量をさまざまな方法で捉え，それを空間的に再構成することで，脳の立体的・時間的な機能についてのデータを得るものである。血液のヘモグロビンが持つ磁気を測定する機能的核磁気共鳴画像法（fMRI），β崩壊する放射性物質を血液中に投与して血中から放射される陽電子を測定するポジトロン断層法（PET），脳に照射した近赤外線が血液中のヘモグロビンに吸収されるという性質を利用した近赤外線分光法（NIRS）などの種類がある。いずれも，何らかの方法で脳の各部の血流量を測定して，さまざまな脳のどの部分に血液が集まり酸素が消費されているか，つまりその部位が活動しているかを測定する方法である。

（3）感情に関わる脳

　辺縁系の中でも扁桃体は，感情に深く関わる座である。恐ろしい猛獣

に出くわしたという状況を想定してみよう。その情報により，扁桃体が活性化し[1]，視床下部を刺激し，自律神経系や内分泌系など，感情に関連する身体変化を生じさせる。このことから，心拍数の上昇，呼吸の増加，血圧の上昇などが生じる。このように，扁桃体は外界からの刺激を受け取って感情を生起し，感情に関する身体反応を起こす指令を送る機能があり，感情の生理的基盤の一つとして重要である。動物実験で人工的に扁桃体が破壊されると，恐怖などの感情を感じなくなることが知られている。感情の認知的評価理論で既に述べたように，そうした感情の生起は無意識的に行われるものである。また，扁桃体は外部から入力される刺激に反応した感情の生起だけでなく，過去の同様の感情の記憶を呼び起こす。この記憶は，本人が意識しないうちに活性化される。例えば，前章で扱ったフラッシュバックが，その極端な例である。

　扁桃体は，感情の生起ばかりでなく感情の検知にも関わっている。感情の検知というのは，例えば他の人の感情的な表情や行動を察知することであり，そのようなときには扁桃体が活性化する。例えば他者の怒り，喜び，悲しみという表情の映像を見ることで，扁桃体は活性化される。しかも，「怒っている」と意識されなくても活性化されることが実験で確かめられている。怒りの表情を人が認識できないほどの短時間呈示し，その後すぐに無表情の画像を見せると，本人は怒りの表情を見たかと聞かれると見ていないと答える。しかし，そのときの扁桃体の活動は，怒りの表情を見たときと同じ働きをしており，本人の意識は知らなくても，扁桃体は確かに反応しているのである。

　扁桃体は，解剖学的に近接している海馬の働きとも連動している。猛獣に出会うといった感情を引き起こすような状況において，扁桃体で感情を付加された情報は，外部から海馬に入力されて一時的に貯蔵されている短期記憶情報と結びつく。こうして大脳皮質に貯蔵されるときには，

1　ここでいう活性化とは，「脳の血液が集まることが上記の脳機能画像研究で知られている」ということで，そこでは酸素の消費量が増加することから，その部位が活性化すると考えるのである。

感情を伴った記憶が形成されることになる。感情を伴った記憶が形成されるときは，現在の感情を伴った状況による記憶だけでなく，過去の感情にまつわる記憶も想起される。扁桃体により過去の感情の記憶が呼び起こされるとき，海馬にはそれに関連する顕在的記憶が呼び起こされているのである。以前猛獣を見たとき，誰といて，自分はどうしたかといった，エピソード記憶が活性化されるのである。こうして想起された記憶がさらに扁桃体に働きかけ，扁桃体を通して感情を作り出すのである。このように感情を生起させる刺激をきっかけに，過去の感情と記憶と連動しながら，新たな記憶が形成されていくのである。

　扁桃体が感情と強く結びつくといっても，感情というのは，そこだけに還元できるようなものではない。感情は，高次の脳機能とも関連している。大脳新皮質の前頭前野は扁桃体との関わりが強く，多くの情報のやりとりを行っている。前頭前野は，理性や論理的思考を行う場であり，計画性や意図，自己制御に関わる場所で，自我の座とも言われているところであるが，この部位が扁桃体の活動を制御している。例えば，猛獣に出会ってびっくりしたとしても，そこが動物園であれば「大丈夫」と判断して安心するであろう。あるいは，外で出会ったとしても，このように対処したら大丈夫だと冷静に判断して切り抜けるかもしれない。また，前頭前野には，扁桃体の働きにネガティブフィードバックを与え，扁桃体の活性化が過ぎることがないように制御する働きがあることも知られている。

3. 身体と感情の密接な関わり

（1）ソマティック・マーカー仮説

　ここまで述べてきたことで，既にずいぶん複雑なメカニズムとなっているという印象を持ったことであろう。実際，感情に関わるメカニズム

にはさまざまな要素が絡み合っていて，その全貌はいまだにわかってお
らず，新しい研究の成果が積み重ねられているのが現状である。また前
章で述べたように，感情は外界の状況に対する反応であるばかりでなく，
記憶とも深く結びつき，記憶も感情の生起に関連している。さらには，
抽象的な思考や意図なども感情の制御と結びつく。加えて感情は，社会
的・対人的な機能を持っている。個人の感情は他者を巻き込み，他者に
感情的反応を呼び起こし，そのことが個人の感情の生起に影響する。そ
して感情は身体にも深く関わっている。感情は一定の身体の状態を引き
起こすとともに，もともとの身体の状態も感情に影響する。体がだるく
て仕方ないとき，感情が平板になってしまうように。このように，感情
には多くの要因が複雑に結びついているのである。

　感情に関する学説は多く存在しているが，その中で着目されているユ
ニークな仮説に，ソマティック・マーカー仮説というものがある。これ
は神経科学者のダマシオ（Damasio, A. R.）が一連の著作により提唱し
ているものであり，要は身体の状態と感情が強く結びついており，それ
が意思決定や判断の合理的根拠の一つにもなっており，また記憶の保存
と再生に，感情と結びついた身体のあり方が本質的な影響を与えている
というものである（Damasio, 1994）。

　まず，感情が意思決定や判断の合理的根拠になっているということに
ついて説明しよう。感情は，私たちの日常的感覚からすると，非合理
的・非理性的なもの（「感情的になるなよ」という言葉のように）とさ
れているであろう。ダマシオらは，脳の腹内側前頭前野という部位が損
傷した患者は，知能には問題がないにもかかわらず，日常生活で適切に
意思決定できない，すなわち自分にとって不利になるようなことを避け
ようとしない衝動的で計画性のない行動をするなどの特徴が見られるこ
とを見いだした。こうした患者では，感情を喚起するような刺激に対す

る末梢の皮膚電気反応にも障害が見られたという。こうした知見に基づくと、一見感情とは関係のないような意思決定においても、感情に関わる身体反応の信号が不可欠な役割を果たしていると考えられるのである。すなわち、身体で感情として感じ取っていることが、腹内側前頭前野で処理され、意思決定と判断に影響を与えているのではないかというのである。

　では、記憶とはどのように関わるのだろうか。ソマティック・マーカー仮説によると、身体の感情と関連した反応は、身体の記憶のようなものに基づいているというのである。すなわち、身体そのものがその事象に対する「良い・悪い」を記憶していて判断し、そこから腹内側前頭前野にその判断が送られるというのである。

　この仮説は、これまでの身体と感情との関連の仮説と何が違うのか。ジェームズ・ランゲ説では、身体の特定の状態＝感情を仮定していた。しかしソマティック・マーカー仮説では、そもそも身体的な感情がその対象（状況）に対する判断を含んでいるという、一歩踏み込んだ仮説となっている。また、身体の状態そのものが感情であるのではなく、ソマティック・マーカーによって惹起される「感じ」が集積され意識される場合に、感情になると考えられている。記憶の想起は、身体に記された「マーカー」の配列が影響しているというのである。さらにダマシオは、身体のマーカーの状態を脳が情報処理して感じ取るというのではなく、生じるであろう身体のマーカーの状態を表象するモデルがそもそも脳の中に作られているのだと、仮説を精緻化する中で提唱している。

（2）演劇における身体と感情

　およそどんな感情も、身体を通じないと外には表現されない。表情はもちろん、動作や姿勢などを通じないと、感情は表現できない。最後に、

身体と感情，そしてその身体動作を見るものに感じ取ることのできる感情について考える上で，現代口語演劇の演劇手法のことについて言及しておこう。

　平田オリザによる現代口語演劇では，その手法の一つとして，演出家が俳優の演技を演出するときに，心理的な内面にまったく触れず，身体の動きのことだけを指摘するという特徴があるという（平田，2004）。身体の動きやセリフを発するタイミング，顔や体の向き，声の高低や話し方のスピードなど，具体的・物理的に修正可能なことしか指摘しないというのである。これは，俳優が役の心理状態を自分の心理状態の中に再現し，演技そのものは役の感情の表現として行われるという従来の演出方法とまったく逆である。そしてこの演出方法は，その物理的な行動を非常に細かく指定していく。この演出方法は現在日本の演劇の主要な演劇理論の一角をなし，影響を受けた演出家も多く評価も高い方法である。

　この方法によって，少なくともこの一連の身体動作を見ている観客には一定の感情が呼び起こされているのは確かである。この一連の身体動作は，俳優の中にも感情を呼び起こすということは起きているだろうか。そして，何らかの記憶や思考も呼び起こしているのだろうか。皆さんは，どう思うであろうか。

引用・参考文献

Arnold, M. B.（1960）. *Emotion and Personality*. Columbia University Press.

Bard, P.（1929）. The central representation of the sympathetic system: as indicated by certain physiologic observations. *Archives of Neurology & Psychiatry*, **22**, 230-246.

Cannon, W. B. (1927). The James-Lange theory of emotion: A critical examination and an alternative theory. *American Journal of Psychology*, **39**, 106-124.

Damasio, A. (1994). *Descartes' Error: Emotion, reason, and the human brain.* Putnam & Grosset.（邦訳：ダマシオ，A.（著），田中三彦（訳）(2010). デカルトの誤り──情動、理性、人間の脳. 筑摩書房.）

平田オリザ (2004). 演技と演出. 講談社.

James, W. (1884). What is an emotion? *Mind*, **9**, 188-205.

Lange, C. G. (1885). *Om sindsbevaegelser: Et psyko-fysiologisk studie.* Jacob Lunds.

Lazarus, R. S. (1966). *Psychological Stress and Coping Process.* McGraw Hill.

Lazarus, R. S. (1991). Cognition and motivation in emotion. *American Psychologist*, **46**, 353-367.

MacLean, P. D. (1990). *The Triune Brain in Evolution: Role in paleocerebral functions.* Plenum.

プランパー，J.（著），森田直子（監訳）(2020). 感情の始まり. みすず書房.

Schachter, S. & Singer, J. E. (1962). Cognitive, social, and psychological determinants of emotional state. *Psychological Review*, **69**, 379-399.

学習課題

・何らかの感情状態が生じているとき，身体にはどんな反応が生じているか，自身を観察してみよう。

・感情の末梢起源説（ジェームズ・ランゲ説）に当てはまるような例を考えてみよう。

・誰かの身体的動作や姿勢から感情は伝わってくるだろうか。伝わってくるとしたら，どのように伝わってくるか。そのときに自分の身体はどんな状態にあるのか，意識してみよう。

7 | 感情の障害

佐々木玲仁

《**目標＆ポイント**》 感情がうまく働かず，何らかの意味で生活に問題が出るとき，我々はそれを感情の障害と呼ぶ。これについて，障害とは何かについて触れつつ論じる。

《**キーワード**》 感情の不調，障害，診断

　ここまで第2章から第6章にわたって，感情についてのさまざまな側面について述べてきた。この中で何度か，感情が意識されるのは人がその感情によって何かしら困ることが生じたときであることに触れてきた。本章では，その「何かしら困ること」を大くくりに「障害」と呼び，そのことについて論じていく。

　人の心理を「対象」として扱うとき，もっと正確にいうと，自然科学的な対象として扱うときには，通常「困ること」という主観的なテーマは扱わない。これを主に扱うのは，臨床心理学である。また，困り方の度合いが大きくなり，それがある限度を超えると，精神医学の分野にも係ってくる。これらのさまざまな感情による困りごとについて，以下，いくつかのテーマを立てて説明していく。

1. 感情がうまく働かないとき

　まず始めに，大ざっぱに「感情がうまく働かない」ということを日常の範囲に収まるかどうかを基準に考えていこう。ここでいう日常の範囲

に収まるというのは，心理臨床や精神医学などの専門家に相談に行くほどの程度か，ということを基準にしている。もちろんこれは必ずしも「困り方の大きさ」を正確に反映しているわけではない。なぜなら，非常に大きな困りごとを抱えていたからといって，人は必ず専門家に相談するわけではないからである。また，困りごとの大きさが大きすぎる，あるいは長期にわたっていると，本人が自分自身が困っていることに気づけないということもある。本人の困り方のメーターが振り切れているのである。この，困り方が大きすぎる場合に加えて，そもそも専門家の存在を知らない，専門家と称する人が信用できない，カウンセリングや医者はよほど大変な人が行くもので，自分はそれに該当するほどではない，相談したくてもどこに行ったらいいかわからない，近くに相談できるところがない，とさまざまな理由で非常に大きな困りごとを抱えたまま相談にはつながらないままでいる。それでも困りごとを専門家に相談に行くかどうかで分けたのは，単に相談に行くという行動がないと専門家の方からはその困りごとや困っている人の存在がわからないからという，専門家側の都合によるものであるのにすぎない。

2. 感情の不調が日常生活に収まるとき

まず，日常的に感情についての困りごとがあるときのことについて述べていこう。第2章では，感情の機能，つまり感情はどういう働きがあるのかについて述べた。この中では，感情が自分自身に及ぼす影響について，それぞれ

　　・安定状態を崩したり崩れた安定状態を元に戻したりすること
　　・ものごとの優先順位を変えること
　　・記憶に関すること

を挙げた。また，感情が他の人との関係において及ぼす影響について，

　　・他の人に自分の情報を与えること
　　・他の人に感情を起こさせること
　　・他の人に行動を起こさせること
を挙げている。
　日常の中で起こる感情に関する不調というのは，これらの機能がうまく働かないこと，または過剰に働きすぎることによって生じる。

（1）自分自身に与える影響

　上に挙げたもののうち，まず始めに，自分自身における感情について考えていこう。

a）安定状態を崩したり崩れた安定状態を元に戻したりすること

　1つ目の，安定状態を崩したり，それを元に戻したりするという機能について考える。日常生活で周囲の状況が安定しているときは，我々の心の状態や身体の状態は一定の幅の中に保たれている方が生きていきやすい。このように，ある一定の幅の中に状態を収めておこうという働きを，ホメオスタシスと呼ぶ。生理的にも心理的にも，この一定の幅の中に収めるという働きがあってこそ，生物は継続的にその生命を継続し得るのである。これは，周囲の環境が一定の幅に収まっているときに，その中で継続的に生きていくために必要な力である。この，通常一定の幅に収まっている周囲の状況が急速に変化する場合に，つまり以前の状態のままでとどめておこうとする力を超えて，新しい状態に適応するためには，前の安定状態を崩さなければならない。感情は，このような場合にそれが生起することで，安定状態を崩す作用がある。これは「安定状態を崩す」と同時に，「予想できなかった状態に対応できるようにする」ということでもある。この感情の作用がうまく働かないと，状況が変化しているのに，変化前の状況に適応した安定状態から逃れられないこと

になる。もちろん，安定を崩すのは感情だけができることではないが，それでも感情の助けを借りずにホメオスタシスに逆らうのは容易なことではない。その逆にこの安定を破る感情の作用が働きすぎると，状況の変化以上の変化を起こしたり，あるいは状況が変化していないときに変化を生じさせてしまう。

また，感情の「生じた変化を元に戻す機能がうまく作用しない」ことによって，安定状態への回復が生じにくくなってしまう。先にも述べたように人（に限らず生物）は，長期的に生存していくためには，その状態が一定の幅の中に収まっていくことが必要である。安定状態の外へ出るということは，それが長期にわたると必ず疲弊してしまう。安定状態に引き戻すこの感情の作用が働かないと，その疲弊が生じてしまうのである。

b）ものごとの優先順位を変えること

日常我々は多くのものごとを処理していくにあたって，ある程度の優先順位をつけて行っている。自分自身の優先順位にどの程度拘束されるかはその人がらによってさまざまであるだろうが，それぞれおおむねその優先順位に従って日常のものごとを処理している。感情はこの日常的な優先順位のパターンに，いわば「割り込み」をかける。通常の優先順位を守っていたなら対応が遅れてしまうような状況に対して，緊急に対応しなければならないことを，行列の最初に割り込ませるのである。

この機能が感情がうまく働かないことにより障害を受けるのは，どのような緊急の状態になっても，日常のモードの優先順位でものごとを行おうとしてしまうことである。例えば，大きな災害が起こり建物も交通手段も大きなダメージを受けているのに，いつも通り「遅刻しないよう」にと出勤しようとしてしまう，というような場合である。あるいは，大きな駅の中の大変混雑している中で，目の前で急に人が倒れてしまった

としよう。感情が適切に働けば，そのときの第一優先事項である，「待ち合わせの約束に間に合う」ということに対して，感情が起動することにより，「倒れた人を助ける」ということが優先順一位に上がり，移動を後回しにして倒れた人に声をかけるなり，周りの人に声をかける，駅員を探すなどの行動にとっさに切り替わるはずである。しかし，このときに感情が適切に働かないと，目の前でどんな人が倒れようとも約束の時間に遅れないということの優先順位は変わらず，倒れた人のことは構わずにその場を離れるということになってしまうだろう。

c）記憶に関すること

　感情が記憶に与える影響は，記憶の検索速度を上げる，つまり普段なら思い出しきれないことまで思い出すことができること，そして，感情を伴った記憶は深く記憶されるということである。

　まず記憶の検索の方から話を進めよう。感情がうまく機能しないことによって，思い出すべき記憶を思い出せないということが考えられる。感情が動かないことで，さまざまな場面で生じたはずの大切な思い出が思い出せないということがあるだろう。あるいは，感情が強く働きすぎることによって，いろいろな記憶が検索され，混乱が生じるということもあるかもしれない。その記憶の中には，思い出したいものだけではなく，思い出したくない記憶も含まれているに違いない。その意味では，感情の不具合というのは，思い出したい記憶についてはそれがうまく作動しないこと，思い出したくない記憶についてはそれが作動してしまうことに対応すると言えるだろう。

　記銘，つまり「記憶すること」に関しては，記銘時に感情が伴っている場合，その記銘の強度が上がることが知られている。記憶するときに伴う感情は，その強度が問題になるのであって，感情の種類にはさまざまなものがあり得ることは第5章で述べている通りである。その感情が

ポジティブであってもネガティブであっても，それに伴う記憶に深く刻まれる。また，感情に伴われて記銘された記憶は，検索時にはまたその感情を伴って思い出されることも多い。この記銘に伴う感情について不調であったときに起こることは，自身にとっての記憶の重要さの濃淡がつかないことであろう。そのときに生起する感情の強さによって深く刻まれたり，そうでなかったりする。結果的に，記銘する出来事の重要さの度合いは，そのときに生じた感情の強さの度合いによるのだとすれば，感情が働かないときには，その記憶するべき内容の強弱が適切に働かないことになる。感情が適切に働かないことで，自身にとって重要な出来事を記憶し損なってしまうかもしれない。また，感情が豊かに働きすぎると，多くのものごとを強く記憶するために，その記憶する体験の内容がポジティブなもの，幸せなものであれば，一連の素晴らしい記憶ということになるだろうけれども，逆にネガティブなもの，被害を生じるものであれば，長期にわたるまで本人を苛む記憶となってしまうことが考えられる。

（2）他の人との間で起こることへの影響

　続いて，他の人との間で起こることについて，感情が不調を起こしたときに生じることを述べていこう。他の人との間に起こることとは，他の人に自分の情報を与えること，他の人に感情を起こさせること，他の人に行動を起こさせること，の3つである。

a）他の人に自分の情報を与えること

　まず，他の人に情報を与えることとは，感情の不調によって，自身の内面的な状態や，ものごとをどう評価しているのかが他の人に伝わりにくいということである。喜びであれ，悲しみであれ，当人にとって感情の生起が弱いときは，当人にとっての重要性が他の人に伝わりにくいと

いうことになってしまう。

　例えば，職業として仕事をしている中で，どうしても気が進まない業務があり，しかしそれを行うことが職務上やむを得ないということがあるとしよう。仕事であるから，気が進まないからといってそれをそのまま表現するということはあまりないだろう。また，その気の進まなさの度合いによってはそもそも感情が働く余地がない程度の話で収まるかもしれない。しかし，気が進まない度合いが非常に大きいとき，そのことに対して感情が働かないと，周囲の人にその仕事に非常に強く気が進まないことが伝わらない，ということが起こり得るだろう。日本の社会の中では，このような場合「感情的にならない」ということが社会的に望ましいとされることも少なくなく，本人もそれを志向することは多いと考えられる。しかしこの場合，感情が働く，つまりその仕事に対して不快な感情を抱くということであれば，それが周囲に伝わり，その結果その人が気が進まない仕事を回避することができるチャンスが生まれることがある。これが社会的に推奨されるやり方かどうかは置いておくとして，結果的にはこれが本人を守ることになる場合がある。この意味で，感情がうまく働かないということは，本人が守られないという結果を生み出してしまうことになる。

b）他の人に感情を起こさせること

　次に，他の人にも感情を起こさせることについて論じていこう。この場合，当人と他の人の両方に感情が生起することが想定されている。まず当人の感情がうまく働かず，感情が生じてもよい場面で生じないことによって，周囲にいる他の人にも起きてもよかった感情が発生せず，2人の属している場は感情に支配されない場となる。これは，当人に感情が生じていないことによって他の人にも「感情的になっていない」ということが伝染する，感情的にニュートラルであることが伝染するといっ

てもいいだろう。一方，当人に感情が生じ，他の人に感情の不調が生じ
ている場合，ごく単純に考えるならば共感の不調が生じているというこ
とが言えるだろう。この場合，感情の共有が行われず，当人の方には相
手方に生じる感情を受けてより感情が強くなるというポジティブフィー
ドバックループが生じずに，その場が感情的な場になるのが妨げられる。
一方，感情を受ける方からすると，他の人の感情に対してそれにつられ
た形での感情が生じないわけであるから，相手と共に喜ぶ，あるいは共
に悲しむということができずに，共感という形での感情の受け取りを行
い損ねるということになる。感情が受け手の中で生じないことで，有効
にもなり得るコミュニケーションの経路が1つ断たれることになる。

ｃ）他の人に行動を起こさせること

　最後に，他の人に行動を起こさせることについて述べる。ここで最も
重要になるのは，例えば悲しみや困惑という感情が他の人に伝わること
によって，援助行動を引き出すということについてである。この面では，
感情の生起が不調なことによって，他の人の助けを引き出し損ねてしま
う。感情が生起したときには，既に述べたように感情を持つ人の情報が
他の人に伝わるため，その感情が助けを必要としている状態を表してい
たら，それを受けた人は援助行動を行うことがある。感情が生じないこ
とで，受けられたはずの助けが受けられないということが生じるのであ
る。

　以上見てきたように，感情が不調である，感情がうまく働いていない
とさまざまな問題が生じてくる。ここでその具体的な例として文学作品
を取り上げてみよう。村上春樹の「木野」という短編小説では，登場人
物の一人が，自分は傷つくべきときに傷つかなかったということを振り
返る場面がある。その場面では，「本物の痛みを感じるべきときに，お

れは肝心の感覚を押し殺してしまった。痛切なものを引き受けたくなかったから，真実と正面から向かい合うことを回避し，その結果こうして中身のない虚ろな心を抱き続けることになった」とその登場人物が考えていることが地の文で語られている。この中で，「感覚」という言葉で表現されているのがここまで論じてきた感情にあたるだろう。この登場人物は感情が生じているときにそれを引き受けなかったことで，一種の報いを受けているということを回想している。ここまでに述べてきたことは，日常生活の中で生じる感情の不調のことだが，日常生活の中で生じるこの不調に対して，日常生活の中で向き合うことはしかし，容易なことではない。

3.　感情の不調が日常生活には収まらないとき

（1）心理臨床における感情の不調

　第2節で論じてきた感情の不調がある一定限度を超えるとき，日常生活の中では解決できない問題が生じてくる。このようなとき，日常生活の外に助けを求める力が残っており，また，到達可能な範囲に援助機関があり，また，当人がその援助機関へのアクセス方法を知っていて，さらに，人に相談するということへの抵抗感よりも問題の方が大きく感じられるという条件がそろったときには，この感情の不調について心理臨床の専門家に相談を行うことがある。

　第2節で述べた，感情の不調により起こる問題は，さまざまな形で日常生活での困りごととして体験される。自分自身の問題として状況に適応が難しくなること，また，他の人との関係の中ではコミュニケーションがうまく働かないことなどが本人を苦しめている問題として心理相談に持ち込まれる。

　このような相談は，本人がそれを感情の問題としては考えていないと

きと，感情の問題に直接苦しめられているときの2通りの形をとることがあるので，このことを順に論じていこう。

　まずは本人が感情の問題としては捉えていない場合について述べる。例えば，職場での人間関係の問題に困り来談したクライエントがいるとしよう。話のはじめは，大勢の人が働いている職場でうまく振る舞えず特定の一人を怒らせてしまうこと，そのために本人は萎縮してより一層その場に合わせた振る舞いができなくなり，相手をさらに怒らせること，そうしているうちに職場の他の人ともうまくいかなくなってしまい，職場に居づらくなってしまっていることが語られたとしよう。そして，本人は職場でどのようにしたらうまく振る舞えるかのアドバイスを求めて来談しているとしよう。

　実際にこのような問題があるときは，その特定の一人の人に問題があったり，職場の組織に問題があったり，あるいは労働環境の問題でありひいては社会構造の問題が大きく関わっているものであることも多い。あるいは，これらの問題は常に複合的にクライエントの困りごとに関わっているとも言える。その中で，本章では感情やその不調と心理臨床がテーマであるから，本人の感情ということに焦点を当てて考えていこう。

　心理臨床の中で回を重ねて少しずつ話を進めていき，少しずつ詳細が明らかになっていく中で，本人が自分はあまり感情が動かないと感じていることが語られるようになっていったとしよう。他の人を見ていると，同じような状況に置かれている同僚の中にはとても感情が豊かに見え，喜ぶときは喜び，また怒るべきときには怒っているように本人からは見える。自分としてはそこまで気持ちが動くことはないし，もし動いたとしても外から見てそれほどわかるようには出さないと思う。このようなことが語られる中で，ふと，子どものころは自分はとても感情豊かな子

だと人から言われており，自分でも振り返ってみても確かにそうだと思うという話が語られていったとしよう。そして，自分は一体いつから今のように感情が動かないようになったのかと考えるようになっていく，というふうに話が進んでいくということを想定してみよう。

　もちろん，人によって感情の振れ幅の大きさは違うということは自然であり，その振れ幅が大きいほどよいということはまったくない。また，同様の困りごとの相談でまったく異なる文脈で別の形で問題が焦点づけられることもある。しかし，本人が現在の困りごとについて考えていくうちに，自分の感情の動き方の特徴についてたどり着き，それを考えることに意味がありそうであるというときは，差し当たりこれは感情の問題であったと，遡って考えても差し支えないだろう。

　次に，より直接的に，感情の問題として困りごとが語られる場合がある。これは例えば，本人はそのことで困っているのに，どうしても感情が強く動きすぎ，人に感情をぶつけてしまう，トラブルになることがわかっているのに爆発することが止められない，という問題であれば，はじめから感情の問題として考えることができるだろう。また，特にこれといってきっかけが思いつかないのに，なぜか気分が落ち込み，長い期間憂鬱なまま過ごしていて，今後もこのまま過ごすのはつらく堪え難いということで来談するクライエントもいる。また，仕事が忙しく，長期間にわたって休日もなく連日残業が続いていた，仕事自体はやりがいもあるし，自分自身も好きな仕事なので没頭して続けていたところ，ある日急に気分が沈んで仕事だけではなく，何もする気が起きなくなった，そして何を見てもどんなことが起こっても感情が動かないようになった，という場合もまた，直接的に感情が問題になっているということが言えるだろう。このような問題は感情自体が問題となっていて，その結果，第2節で述べたような問題も付随して起こってくると言える。

　心理臨床への来談の動機が直接的に感情の問題であるかどうかにかかわらず，日常生活が立ち行かなくなるほどの問題が生じているとき，感情の問題を当人だけで解決していくことは非常に難しく，また，家族や友人，同僚など日常の人間関係の中で相談していくこともまた困難である。これは，感情の問題を相談することで，相談される人の感情がまた喚起され，その感情が本人に跳ね返ってきたり，相談された人が何らかの行動を起こすことで，問題がより一層こじれてしまうことが少なくないためである。訓練された専門家は，感情によって上記のようなことを知っているために，その問題をクライエントの問題として共に考えることができる。専門家とて人の感情に影響を受けないわけではないが，相談を受けているときに自分の中に生じている感情はクライエントの感情の影響である可能性がある，ということは知っている。それをどのように扱うかは学派や個人的な流儀によって異なるが，少なくともそのようなときにどう考えたらよいかという訓練は受けてきているのが専門家である，ということができる。

（2）精神医療における感情の不調

　日常の中で解決できない感情に関する不調の中で，もし心理臨床に相談があったときに，急ぎ精神医療への紹介を考えなければならない場合がある。（1）に例で挙げた，「ある日急に気分が沈んで仕事だけではなく，何もする気が起きなくなった，そして何を見てもどんなことが起こっても感情が動かないようになった」という場合である。このような場合は，いわゆるうつ病と呼ばれる状態であることが想定されるが，もしそうであれば精神科医による診断と，薬物を含む精神医療の治療を受ける必要がある。またこれは，精神医療にかかることで対処が可能になる問題でもある。

　上に述べたように，医療にかかった場合には，何らかの形で診断を受けることになる。その診断に従って，医療行為が組み立てられ，医療施設という枠組みの中で医師以外の多くの職種を含む医療スタッフのサポートを受けることになる。しかし，その診断を行うための診断基準は，絶対的で強固なものではない。現在多くの医療者が準拠している診断基準には，ICD（International Classification of Disease）と DSM（Diagnostic and Statistical Manual of Mental Disorders）があるが，どちらも複数回の改訂を繰り返し，また今後も改訂が行われていく見通しである。また，この改訂は単なる分類基準の線引きのやり直しには限らず，診断というものの思想自体の改訂を伴っている。このようなものを一時的にでも「標準」として受け取って良いものかどうかについては議論がある（滝川，2017）。また，これとは別に，保険診療制度のための独自の診断リストがあり，これもまた別の診断名体系がある。

　このような状況ではあるが，日常的には感情の落ち込み，あるいは感情の浮き沈みと見えるものの中に，医療的な対処，治療を行わなければ対応できない場合も多く存在しており，その中には命に関わるもの，日常生活そのものにダメージを与えるものもあるため，心理臨床の観点からは医療に紹介すべきものを見分けて適切に対応することが重要である。

　ここまで，感情の不調について日常生活の中で収まるものとそうでないものに分けて説明を行ってきた。ここまでに繰り返し，感情は日常生活の中で当たり前のように出会うけれども，それがどのようなものであるかはなかなかわかりにくいということを述べてきた。これは逆から考えてみれば，我々は自分自身の中にあるわかりにくいものと日々当たり前に出会わざるを得ないとも言える。この毎日出会うわかりにくいもの

が不調を起こすと，当然我々は相当程度その不調に煩わされることになる。また，その不調はそのものが心理臨床が取り組む問題の一つでもある。そしてまた，不調という観点から感情を見直すことで，感情に対する理解がまた深まると言えるだろう。

引用・参考文献

米国精神医学会（編），日本精神神経学会（日本語版用語監修），高橋三郎・大野裕（監訳）（2014）．DSM-5 精神疾患の診断・統計マニュアル．医学書院．

森則夫・杉山登志郎・岩田泰秀（編）（2014）．臨床家のための DSM-5　虎の巻．日本評論社．

村上春樹（2014）．木野．女のいない男たち（所収）．文藝春秋．

滝川一廣（2017）．子どものための精神医学．医学書院．

梅田聡・小嶋祥三（監修）（2020）．感情　ジェームズ／キャノン／ダマシオ．岩波書店．

学習課題

・感情がうまく働かないという場合，それが日常生活に収まるときと収まらないときとの違いはどのようなことから生じてくるのか，考えてみよう。
・引用した村上（2014）の文中にある「痛切なものを引き受け」るとはどのようなことを指しているのか，考えてみよう。

8 | 感情の測定

佐々木玲仁

《目標＆ポイント》 感情を学術的に論じるときには何らかの意味で測定を行わなければならない。これについて自己報告，観察などの具体的な方法を採り上げつつ論じる。
《キーワード》 測定，自己報告，観察，自己表現

　前章までは，感情についてさまざまな側面から論じてきた。「感情」そのものは目に見えたり手で触ったりすることのできる物理的物体ではない。そのため，我々が感情について考えようとするときは，何らかの方法で感情を測定した結果を材料にして論じることになる。本章ではこの「測定する」ということを採り上げ，どのようにしたら感情が測定できるのかという観点から論じていくことにしよう。これまでの内容と重複するところもあるが，測定の観点から改めてまとめていく。

1. 感情は何を通じて測れるのか

（1）感情のさまざまな側面

　そもそも感情を測定する，感情を測るというのはどういうことなのだろうか。そのことを考えるために，まずは，感情というものはどのように構成されているか，つまり感情というものはどのような側面から測り得るのかについて考えてみよう。

　日常的な観点からすると，感情は，まずそれを持っている人自身が「今こういう感情を持っている」と自ら感じる主観的な感情が最もわか

りやすいだろう。これは，その瞬間に感じているものでも，あとから振り返ってあのときはこういう感情を持っていたと考えるものでもよいが，ともかく，本人がその感情があったと考えることのできるものである。

　次に，体内現象としての感情がある。これは便宜的に2つに分けて考えるとわかりやすいだろう。まず1つ目としては，脳神経系の現象としての感情がある。本人が主観的に感じたり，それ以外の手がかり（表情や行動など）から感情が生じたりしているときには，脳の中では部分的に血流が増加している場所がある。ここが，これまでの研究によって感情に関係があるとわかっている部分だった場合，感情が生じていると見なすことができる。2つ目は脳以外の生理的指標で，汗をかく，呼吸が荒くなる，脈拍が速くなるなどの現象が生じるのである。

　ここまで挙げたのは，主観的なものであったり体内の現象であったりして本人の中で完結していたが，他の人から観察することが可能なものも感情の大切な要素である。そのうち最も重要なものは第3章でも取り上げた表情である。表情は，顔の部分である目や鼻や口の形や，それらの位置関係が顔の表面上で変化すること全体が含まれた，顔を通して感情が表されるという現象である。表情はまた，それをきっかけに感情が生じるという意味で，感情の起源の一つでもある。次に外から観察できるものとしては，行動が挙げられる。その人が置かれた状況の中で生じる身体の動きは，意図的なものも意図的でないものも含めて感情の結果生じたものだと考えることができる。また，口と唇と舌と咽喉と横隔膜の動きの結果という意味では，言語もまた行動のうちに含めることができる。

　ここまでをまとめると，測定されるものとしての感情は，本人が主観的に感じ，そのときに脳や脳以外の体の中では変化が生じ，表情が起こ

り，何らかの意味で身体を動かすもの，ということができるだろう。これらをどのように測定していくかという問題を考えていこう。

（2）「良い測定」の条件

　では次に，その測定はどのような結果をもたらしたら良い測定であると言えるのだろうか。この条件について考えてみよう。

　その測定が良いというときには，条件は2つある。1つ目は，測定結果が測定対象の性質をよく反映しているということである。そして2つ目の条件は，測定結果が測定者によって読み取りやすいということである。

　1つ目の条件は当たり前のことに思えるだろう。これは測定対象が物理的な物体で，結果がそれがあるなしの二択しかないというような単純な場合は確かに当たり前のことである。しかし，測定の対象が感情のように物理的実体を持たず，かつ非常に複雑なものである場合，第一の条件は満たされれば満たされるほど良いというものではなくなってくる。なぜなら，複雑な対象を正確に反映しようとすればするほど，得られたデータそのものも複雑なものになっていき，そこから何かを読み取ることが困難になってくるからである。対象を測定してデータに置き換えても，その複雑さが多少なりとも減らないと，複雑なものを別の複雑なものに置き換えたということになり，読み取りの対象の理解の困難さはさほど減らないのである。

　次に第二の条件を考えてみよう。感情という複雑な現象を読み取りやすいデータに置き換えることができるのならそれに越したことはないだろう。このような形で，読み取りやすさを優先した測定方法も考案され用いられている。この方法の問題点は，データを読み取りやすく単純に置き換えてしまっているために，元の複雑な現象の複雑さがデータ収集

の過程で削ぎ落とされてしまっていることである。読み取りやすいのは
いいが，それが測定対象を，場合によっては過度に単純化してしまって
いるのである。

　このように，この2つの条件は，対象をよく反映していれば読み取り
づらく，読み取りやすければ対象の反映に問題が残るという，トレー
ド・オフ，つまりあちらを立てればこちらが立たずという関係にある。
それぞれ行われている感情の測定はその二律背反的な状況の中で，それ
ぞれの手法の特徴を生かしつつ，これらの2つの条件を双方ともに最低
限満たしつつ，感情を捉えようとするのである。

2. 感情を測定する具体的な方法

　前項で述べたような条件をそれぞれに満たしつつ，感情を測定するた
めにはさまざまな方法がある。それを1つずつ述べていこう。

(1) 自己報告
　自己報告は，第1節で述べた，感情のさまざまな側面のうち，主観的
な感情を測るものである。自己報告の方法には大きく分けて2つの方法
がある。

　まず1つ目は，質問紙法を用いるものである。質問紙法は感情の測定
以外にも，心理学や社会学の分野で広く用いられている。さまざまな形
式があるが，代表的なものとして，複数の短文の質問（例えば「このご
ろ気持ちがふさいでいることが多い」など）に対して，いくつかの選択
肢（「よくある」「たまにある」「あまりない」「まったくない」など）で
答える形式をとるものが多く見られる。質問の数はさまざまだが，十問
から数十問の間であることが多い。個々の質問の答えを質問数分合わせ
て，質問紙全体の結果を数個の数量で表現する。質問全体を合わせると

きには，単純な足し算で算出するとは限らず，さまざまな統計学的手法
が用いられる。

　この方法だと結果は数個の数字であるために，比較的読み取りは行い
やすい。一方で，複雑な対象を単純な数字に還元してしまうために，ど
のような手法でその簡約化を行うかによって，実際の対象をうまく表現
できるかどうかには大きな幅がある。

　自己報告を用いる方法の２つ目は，インタビューを用いる方法である。
研究者は，現在のあるいは過去のある時点についての感情について，被
験者に直接話を聴く。語られる内容はさまざまで，インタビューが行わ
れる前から被験者が考えていたものもあれば，インタビューを受けたこ
とによって初めて考えたこともある。また，過去の記憶が語られたとき
にはそれが当時感じられたこととは必ずしも一致しないことがある。そ
して，インタビューで語っていることそのものから感情が喚起されるこ
ともある。

　この方法は，本人が言葉で自分の感情について語るものであるから，
ある程度の記憶の変容や本人が意識的に変化を加えているものがあり得
るとしても，実際の感情をかなり反映したものになっていると言えるだ
ろう。一方で，言葉で語られたデータをどのように分析するかについて
はさまざまな方法があり，結果から確定的に感情を読み出すことは容易
ではない。例えば，「嬉しい」「悲しい」というような感情語の数を数え
るという方法は可能だろうが，何が感情語で何がそうでないかを確定す
ることだけでも困難であり，第二の条件として挙げたデータの読み取り
やすさは十分であるとは言えない。

　このインタビューは，主観的感情を測るものの一つとして挙げている
が，対面でのインタビューを行うことによって，研究者は被験者の表情，
行動，語調などから直接的に感情についての情報を得ることもできる。

このように豊富で多様な情報を得ることができるために，もしその研究に最適な読み取り方法を考え出すことができれば，感情について得られることが多い方法であると言えるだろう。

（2）観察

　自分自身の感情を何らかの方法で報告する自己報告に対して，その人の感情について研究者が外から推測する方法が観察である。観察をする直接の対象は，その人の表情と行動である。

　表情を観察する場合は，顔の個々の部分に着目する場合と，全体の配置に着目する場合の2通りの着目方法がある。また，観察者の表情が被験者に影響することが想定されている場合とそうでない場合がある。

　顔の個々の部分に注目する場合は，その形や大きさなどから数量化を行いやすいが，それでも多くのバリエーションがあり得るため，数値による表現は容易ではない。例えば口一つとってもその可動域は大きく，開き方，左右対称性，唇の突き出し方，もともとの形状などのさまざまな要素があり，いくつ指標をとったら十分に口の形状や動きを再現できるかは簡単には明らかにならない問題である。これに対して表情全体を対象とすることはより困難であり，数量化をして指標を増やしていくと，再現性は良くなるかもしれないが，今度はその数字をどう読んでいけばいいのかがわからなくなり，読み取りやすさからは離れてしまう。実際に測定を行うにあたっては，表情の印象を評定すること（「寂しい表情」と思うか「嬉しい表情と思うか」など）が現実的ではあるが，これには観察する方の感情の状態が大きく影響することは避けられない。また，その影響を少なくするために複数の人で印象の評定を行って，一致率を計算するという方法も用いられているが，これもどのような人が評定に参加しているかでそもそもの一致する可能性が変わってくるため（例え

ば同様の教育を受けた人は一致する可能性が高い），これも十分な方法
であると明言することは難しい。

　次に，観察する側の表情が与える被験者の表情への影響について述べ
る。厳密に自然科学的な研究を指向するならば観察する側の表情は影響
を与えてはいけないはずだが，そもそも表情はコミュニケーションと強
く結びついているため，コミュニケーションのない状況での表情を研究
することにどれほどの意味があるのかは明らかではない。

　これらのことを踏まえると，表情全体を評価する印象評定は，全体と
しての表情を対象として評価することはできるが，観察する側の個人差
をどう評価するかは簡単ではなく，そこから何を読み取るかには選択の
余地が大いにあり，これもまた，簡単な課題ではない。一方で，目や口
などの部分に絞った表情の読み取りは，表情全体から観察するよりもデ
ータの取り扱いはシンプルで扱いやすいが，表情の一部だけを切り取っ
ており，他の要素との関連や全体としての表情についてはそれだけでは
言及することはできない。

　また，表情は時間とともに変化することで，感情の複雑なあり方を表
現することができる。これもまた複数のタイミングでの表情の連なりや
表情の変化を捉えた方が感情そのものを捉えることができるが，それは
もちろん一表情の観察よりもずっと読み取りは難しくなってくる。

　ここで表情について当てはまることは，ほぼそのまま行動についても
同じことが言える。部分と全体の問題，複数データと単数データの関係
は上で述べたものと同様に対象の反映度合いとデータの読み取りやすさ
はトレード・オフになっている。例えば行動で，手の動きだけを捉える
場合と，モーションキャプチャ技術を用いて全身の動きを捉える場合で
は，後者の方がもちろん感情の表現としての反映は大きいだろうが，し
かしモーションキャプチャのデータを分析する糸口を発見することは，

データ量が多すぎて至難の業である。ここでも第一の条件と第二の条件の両立の難しさは同じように起こっている。

3. 体内現象

次に，話を体の中の現象に移そう。

感情に関する体内の現象について，比較的容易に測定できるのは，発汗，脈拍，呼吸数，心拍数などの生理的指標から見ることができる。発汗は皮膚の上の電気伝導度から測ることができる。また，脈拍，呼吸数，心拍数は単純に言えばそれぞれ回数を数えることで測定することができる。このような指標は数量で結果が表されるために，結果の読み取りは行いやすい。一方で，この情報は，何らかの興奮を表していることは明らかではあるけれども，細やかな感情の種類について推し測ることは困難である。これは読み取りやすいが対象の反映については一定の限度がある測定方法だと言える。

もう1つの体内現象は，脳の血流を見ることである。第6章である程度詳しく説明したように，さまざまな指標を使って，現在どこに血液が集まっているか，つまり酸素を消費しているかを，リアルタイムで測定することができる。そして，脳の各部分の機能はある程度研究の蓄積があるために，今どのようなことが起きているかについて推測することができる。非常に簡単に図式化すると，ある感情を持ったという自己報告があったときに脳のAという場所に血流が多くなっていたという過去の研究から，Aに血液が集まっているときのことをその感情の脳の中での表現と見なすのである。測定技術が十分に進歩していれば，脳の中の血流がどのように分布しているかについては詳しく知ることができるようになるだろう。また，その読み取りも研究が蓄積していくと容易になっていくだろう。ここで問題になるのは，感情というものと，脳の中で血

液がどこに集まっているかという全体の現象の関係である。つまり，血液の脳内の分布が感情というものの測定として対象を十分に反映しているかどうかは，「感情とは何か」という大問題を解決してからでなければ解けない，非常に難しい課題であるといえる。

　このように，感情の体内現象から感情を測定するとしても，対象を反映する度合いと，結果の読み取りのしやすさの二律背反からは自由にはなれない。

4. 自己表現

　ここまで感情を，主観的な感情，体内現象，表情，行動の側面から見てさまざまな測定の方法を論じてきたが，ここで上記の側面の分類では収まりきらないような，それらの区分を横断して現れる感情の測定について最後に述べよう。

　ここで採り上げることについては，差し当たって「自己表現」という名前をつけておく。その具体的な例として，絵を描く，描画するということを挙げておこう。そして，特定の画材や題材に限定せず，絵を描くという方法で感情を測定することについて論じていく。

　職業的な画家が表現をするために描いた絵ではなく，ごく普通の素人が描いた絵にもその描いたときの感情は反映されている。感情とは限定できなくても，何らかの心的な状態はそこに表されるだろう。もしそれを疑う人がいたら，その気持ちのまま絵を描いて見てほしい。そこには，「絵には今の感情を反映させまい」と思って描いているということが何らかの形で反映されるであろうから。

　このことを用いているのが，心理療法の中で行われる描画法である。描画法では，相談に来た人は，自由に，あるいは何かの限定を受けながら，面接室の中で絵を描いていく。そこに描かれるものは，木であった

り，風景であったり，人物であったりするわけだが，たとえ同じ課題で描いたとしても，そこに描かれるものは本当に千差万別である。とりあえずここで，描いた絵には何らかの感情が反映されていると考えるのは，それほど無理な仮定ではないだろう。

　もしこれを，感情の測定として捉えたら，どのようなことが言えるかを述べていく。絵を描くときには，ある程度は自分の描こうと思ったものを描こうと思ったように描くことができる。その点では絵を描くことは感情の自己報告と言うことができる。ただし，感情状態を尋ねられて答えているわけではないというところは，言語による自己報告とは異なっている。また，絵は描いているうちに，描いている人の意図を超え，本人もなぜそれをそのように描いたのかがわからないものを描くことがある。このようにして描かれたものを，感情の側面から見ることもできるだろう。この部分に関しては，自己報告という枠組みからは外れていると言える。

　次に，行動の面からだが，絵を描いていくことは，紙を手で押さえながら画材を持ち，手を動かして紙の上に痕跡を残していくという行動をとるということである。この際には，絵を描き始めてから自分の描いたものを見つつ，次に描くものを探りつつ描いていくという動きがある。そして，速いスピードで，あるいはゆっくりと，時には間を空けながら描いていくという動きの中には，何らかの感情が働いていると言えるだろう。これを「どう描いていいのかわからなくて困る」であるとか，「好きなものを描けて嬉しい」であるとか，あるいは「自分が描いたものが自分にとっても意外で驚く」など，少なくとも感情がその行動の中に現れていると言うことはできるだろう。この場合，表情にもその感情は現れる。表情の変化は行動ほど顕著ではないが，しかし，描いている間，人はさまざまな表情を見せる。この表情と行動を合わせて体の動きとす

ると，人はさまざまな体の動きを通じて，絵を描くという課題に取り組んでゆく。

　これを，測定という観点からあらためて考えてみよう。描かれた絵や描き方は描いている人の感情を反映していることに関しては，必ずしも証明はできないものの，少なくともまったく反映されていないと考えることは難しい。これに対して，読み取りやすさに関しては単純に評価することは難しい。一つの方法として，感情が表現されているとすれば，それを読み取る方が感情的に受け取ることは可能であろう。つまり，表現された感情によって，読み取る側も何らかの感情が喚起されるという形では感情を読み取るということは可能である。このような読み取り方では，自然科学の枠組みでは読み取ったことにはならない。より知的に，数量なりせめて言語的に読み取れなければ，自然科学の範疇_{はんちゅう}では読み取りとして成立しないであろう。しかし一方で，その数量化や言語化を絵に対して行うと，とたんに絵に表現された感情は消えてしまう。

　厳密な自然科学の枠組みでは，そのような意味で自己表現は感情の測定の方法には入れることは難しいが，少なくとも臨床実践の現場で感情を垣間見るための有効な方法としては用いられている。さらに言えば，感情研究自体が厳密な自然科学の枠組みの中に収まりきれるかどうかはそれほど簡単に解決できる問題ではない以上，この自己表現も感情研究の方法の一つとして挙げておいてもよいのではないだろうか。

5. 感情の測定とは

　ここまで，感情を測定する方法について，さまざまな観点から論じてきた。ここまでの議論から，この方法をとれば確実に感情を把握できる，という確固たる方法はないことがわかるだろう。感情は，これほど我々の生活に身近でありながら，これほどにも確実な測定方法がないのであ

る。このような状況でなお感情を測定しようとしたら，ここまで挙げてきた方法を組み合わせて，1つの方法の長所で他の方法の短所を補うような組み合わせを考える必要があるだろう。

いずれにしても，感情の測定方法は，感情そのものと測定する人の間を橋渡しするものである。しかもその渡された橋は，感情から発して測定者までの途中までしかかかっていない橋や，測定者側まで届いているが感情の側は焼け落ちている橋，測定者から見て向こう岸まではかかっているがそこが感情かどうかがわからない橋など，始めから最後まで舗装された通りやすい道は一本もかかっていない。今のところ我々は，危うい橋を何本か渡りついで，感情との間を行き来する（観察する）しかなさそうである。

参考文献

堀　洋道（監修）．吉田富二雄・宮本聡介（編）（2011）．心理測定尺度集V　個人から社会へ〈自己・対人関係・価値観〉．サイエンス社．

大平英樹（編）（2010）．感情心理学・入門．有斐閣．

佐々木玲仁（2012）．風景構成法のしくみ——心理臨床の実践知をことばにする．創元社．

学習課題

・感情の測定の方法を考えるとき，どの方法とどの方法の組み合わせであればよりよい測定になるかを考えてみよう。
・他の人の感情を測定しようと考えるとき，あなたの中にはどのような感情が起こっているかについて考えてみよう。

9 | 人格の概念

佐々木玲仁

《**目標＆ポイント**》　ある人の人がらを表すには，さまざまな用語が用いられる。それらの用語のそれぞれの意味するところとその関係について述べる。また，我々はなぜ人がらということを考えるのかというそもそもの問いについても考えていく。

《**キーワード**》　人格，気質，性格，特性

1. 人格を表す

　感情・人格心理学と題した本書では，前半の第8章までは感情について論じてきたが，本章から人格について取り扱っていく。まずはそのテーマとなっている人格とは何かについて説明を加えていくが，話の始めとして，「人格」という用語の一歩手前である「人がら」という日常的概念を採り上げるところからスタートすることとしよう。

（1）人がらについて

　人がらという言葉はよく用いられているが，改めて人がらとは何かを正面から説明しようとすると，それが意外に難しいことに気づく。無理に説明しようとすると，「ある個人がどんな人であるかを表す言葉」というくらいのことになってしまうが，これでは何も説明したことにならない。そして一口に人がらといっても，さまざまな側面がある。そこでここではこの人がらについて，そのそれぞれの側面についてより細かく

考えていくことにしよう。

　まず，人がらと呼ばれる性質として人が用いている意味について，いくつか考えていく。

　まずは，「その人がものごとをどのように受け止めるか」ということを指していうことがあるだろう。同じ状況に居合わせた人でも，その状況をどう受け止めるかは人によって大きく異なっている。人はつい，同じものを見ると相手も同じように受け止めていると考えがちだが，しかし，実際後から聞いてみるとまったく異なった受け止め方をしていたことがわかって驚いた，という経験を持つ人は多いだろう。この受け止め方で，例えば多くの場面でものごとの明るい側面を受け止める人を「楽天的な人」と呼ぶこと，またいくつかある可能性のうちあまりよくない可能性に注目しがちな人を「悲観的な人」と呼ぶことがあるだろう。これは人がらの一部と考えられている一つの性質である。

　次に，人がらを考えるとき，「人がどのように行動するか」ということを指していうことも多いだろう。もちろん人は場面場面に合わせた異なる行動をとるが，それでも，「どんな場面でも迷ったら後ろに引きがちだ」であるとか，逆に「前に出がち」，という傾向はあるだろう。そういう行動を他人が見て，「あの人はいつも一言多い」とか，「この人は動き出しが早い」などと，評価する。あるいは自分自身も，「自分はすぐに手が出る」とか，つい時間に遅れがちになってしまう，などと考えることもあるだろう。このように行動も，人がらの一部と見なされることがある。

　そして，「それぞれの人のものの考え方」も，人がらの一部と見なされる。そもそも，1つのものごとについてずっと考え続けるかあまり考え続けないかということが既に人がらの一部といえるだろうし，考え続けるとしてその内容について，論理的に，日常用語でいえば理屈っぽく

考える人もいるだろう。また，その逆に論理を積み重ねることよりもふとその場で思いついたことや感じたことを大事にする人もいるだろう。この2つの考え方の傾向を持つ人同士は，しばしばお互いのことが理解できない。論理的に考える傾向がある人にとって，「考える」ということは「論理的に考える」ということと同義であるから，論理的には考えない人のことを考えが足りないと見なすし，思いつきや感じたことを重視する人にとっては，論理的に考える人は過度に理屈っぽく，同じことを繰り返し考えていて考えが前に進んでいないように見える。このような考え方の傾向もまた人がらの一つとして数えられるだろう。

　このように，単に人がらといっても，少なくとも「ものごとの受け取り方の傾向」「行動の仕方の傾向」「考え方の傾向」など，さまざまな側面があることがわかる。我々が人がらという言葉を使うときには，一言でいったとしてもこのようにさまざまな性質について一括して語っていることが多いだろう。

　そして，個々の側面だけでも自分と異なる人のことは理解しにくいが，さらにこの3側面ともに傾向が異なっている人になると，かなりの程度，その人の人がらが理解しにくくなってくるに違いない。

（2）人が人がらについて考える理由

　ここまで，人がらというものにどのような側面があるのかについて考えてきたが，次に考えたいのは，人が人がらについて考えるのはどのようなときなのか，そしてどのような理由で人は人がらについて考えるのかということである。

　この人がらについては，古来人びとが考え，悩み，そしていろいろな人がら観を作り出してきた。次章に紹介するように，記録に残っている限り古代ギリシャ時代から「人格理論」は論じられているし，世界最古

の文学である『源氏物語』も，他の人の人がら評に満ちあふれている。これらは文字として現存して現在の人が読むことができるか，あるいはいずれかの時代にそのことについて書いた人がおり，その書き残したものが現存しているものに限られる。これら何らかの形で残っている文書から推測できるのは，文書に残っていない膨大な「人がら考」があっただろうことである。我々は，他人を見ると人がらを考えずにはいられないと推測するのはそれほど無理な考えではないだろう。

　翻って，我々は一体どんなときに人がらについて考えるだろうか。多くの人が感じているのは，人と人との個人差を感じたときに人がらについて考えるのではないだろうか。そしてより実感に近づけていうならば，最も人がらについて考えざるを得なくなるのは，「私」と「他の人」の違いを実感するときではないだろうか。他の人2人を並べてその2人の違いを感じるときよりも，自分自身と他の人との違いがあからさまになったときに，人がらというものをしみじみ実感するに違いない。また，相手の人がらのわからなさに加えて，自分の人がらの理解のし難さに戸惑うことも多いだろう。どうやら我々が自然に理解できる人がらのバリエーションの幅は，実際に我々が出会う人の人がらのバリエーションの幅よりもずっと狭いらしい。

　そして，人がらについて考えるというシチュエーションは，多くの場合，何か困ったり悩んだりしたときである。他の人との関係において，困っても悩んでもいないときには，人がらについては考えることは多くはなさそうである。もしあったとしても，困ったときほど真剣に考えることはないだろう。他の人との違いを感じて困るとき，そして，自分自身がよくわからなくなるときに，改めて人がらについて考えるのだろう。

　さらにもう一段階踏み込んで考えてみることにしよう。我々が人との

違いで悩むときは，相手の人を，何らかの意味で自分と同じグループに
属している人と見なしていることになる。もし，相手と自分がどのよう
な意味でも同じグループに属していない，まったく共有するものがない
相手であったなら，もしその相手との違いがあったとしても，それは個
人差のせいだとは考えずに，グループ間の差のせいであると考えるので
はないだろうか。あるいは，そのような相手だったらそもそも違いがあ
るということは悩みを生まないのではないだろうか。むしろ，これだけ
共通点がないのだから，違うのが当たり前というふうにとられることが
多いのではないか。個人差を考えるときにはいつでもその背景には「同
じ人間なのにどうしてこうも違うのか」という前提が置かれている。つ
まり，人が他の人の人がらについて考えるときはいつでも，相手が自分
と同じ属性を持っている人であるはずなのにわからない，ということが
生じているのである。そしてこの「同じグループ」の範囲を極限まで小
さくしたときに，自分自身の人がらについて考えるのではないだろうか。

2.　人がらについて考えるときの用語

　ここまでは，「人がら」という日常用語を用いてその人のありように
ついて論じてきたが，本節では，人がらに関する学術的な用語をいくつ
か挙げ，それぞれがどのように用いられているかについて考えていこ
う。

（1）人格
　人がらを表すのには，学術用語としては人格という言葉は用いられな
い傾向にあった。ニュートラルに人がらを表そうとするときには，「人
格」という用語は，例えば「あの人は人格者だ」という言い方があるよ
うに，いささかポジティブな意味を帯びているからである。さまざまな

人の個人差を，とりあえず価値づけすることなく示そうとするときに，この色づけは邪魔になる。その用語が近年用いられるようになったのは，2015（平成27）年に立法された公認心理師法に規定されたカリキュラムの中に「感情・人格心理学」という科目名が立ったことがきっかけになっている。本書でもまさにそうだが，科目タイトルに「人格」と入っているときに本文の中で別の用語を用いると混乱が生じるために，用いることになった。このようなきっかけではあるものの今後は人格という言葉がより用いられていくことになると考えるため，新たに「人格」を人がらについてのニュートラルな用語であるというふうに再定義して用いていくのは一つの方法だろう。

（2）パーソナリティ

　人格という用語よりもニュートラルな用語として広く用いられているのがパーソナリティである。学術分野としてもパーソナリティ心理学という名称が用いられているように，人格よりも価値づけが少ない用語として学術的には最も広く用いられている語だと言えるだろう。人がらについて考えるときに個人差とか個性について価値づけなしで論じようとするとき，パーソナリティという言葉の持つ「個人性」という意味合いは，臨床家が自身を相手と関わらせて臨床を行うときよりも研究者が研究の対象となる人がらを自分から距離を置いて扱おうとする場合には使い勝手のいい用語であろう。

（3）性格

　性格という用語は日常用語として定着しているもので，さまざまな意味に用いられるために，現在学術的な用語としては使いにくくなっている。研究史的には性格心理学というよりも性格学として心理学の成立以

前に活発に研究が行われていた。これらの研究が後の心理学にも影響を
与えているが，この文脈で性格という用語を用いるときは，「持って生
まれて変わらないもの」として人がらを捉える傾向にあったといえる。
これに対してパーソナリティの方は，生得的なものよりも発達の過程で
できあがっていくもの，また，変化の可能性があるものというニュアン
スを含んでいると言えるだろう。

（4）気質

　気質という用語の示す意味は，生物学的・身体的な基礎を持っている
というニュアンスが強い。気質はその基盤の上でのそれぞれの個人の持
つ情緒的反応，気分の傾向を示す。また，人が発達していくときに人が
らに多くの変化が生じるが，気質はその中でも比較的保たれている傾向
を表している。したがって，この用語を用いるときは人がらについての
身体的基盤と一貫性と強く関連していると言うことができる。

（5）特性

　これは人がらそのものを表すというよりも，その下位概念として，つ
まり人がらの構成要素として考えられている概念である。基本的にはこ
の概念自体は個人の中で持続するものと仮定されている。例えば外向性
－内向性という特性は個人の人がらの中での1つの構成要素として想定
されており，他の構成要素と組み合わせて人がら全体を記述することに
用いられる。この特性自体は，後に説明する質問紙や行動から推測され
るものであったり，あるいは遺伝的に規定されているとしたりで由来は
さまざまである。これは，人がらというものをいくつかの要素に分けて
それを記述することで人がらに根拠を与える概念ということになる。そ
れでは特性の根拠をどう考えるのか，という問いを立ててしまうと，ま

た人がらを考えるときと同じ問題が発生する。しかし，人がらを記述するときの有効な手段であることには変わりはない。

（6）人がらを語る用語

ここまで見てきたように，人がらについて学術的に語ろうとするとさまざまなニュアンスを持つ用語があり，それぞれに異なった側面を含んでいることがわかる。これらの用語の説明を見るとわかってくるように，それが生得的（生まれ持ったもの）なのか獲得的（後に得ていくもの）なのか，遺伝的・身体的基盤を持つのか持たないのか，固定的な変化しないことが想定されているのか変化することが想定されているのかというところが，人がらを考えていく上での重要なポイントであると言える。

また，人がら全般を表す用語としては「パーソナリティ」が一番使いやすいが，上記のような事情で本書ではこれ以降，「人格」という言い方を用いていく。

3. 実体か構成概念か

人格を考える上でもう1つ考えておく必要がある観点は，人格を実体と見なすか構成概念と見なすかということである。

日常生活では，なんとなくみな人格というものが「ある」と考えて過ごしている。第1節で書いたように，確かに人格というものはみなそれぞれ持っていそうだし，決まり文句として言われる「他人の人格を尊重して」という言葉が示す通り，それぞれが持っている人格があるという想定でさまざまな世の中のものごとが運営されている。しかし，その「ある」はずの人格は，少なくとも手にとって見てみることはできない。その人の中に「ある」，あるいはその人が「持っている」はずだが，そ

の人の中から取り出すことはできないし，その人から渡してもらうこと
もできない。それどころか，それを持っている自分でさえも，それを手
にとってみることはできない。それではなぜ我々はそれが「ある」と一
般に考えているのだろうか。

　我々が手にとって見てみることもできないものを「ある」と考えてい
るのは，人格が，それが「ある」と考えても問題がないほどに，「ある」
のと同じように働くからではないだろうか。つまり，本当にあるかどう
かはともかく，それがあると考えても差し支えないほどに外から見れば
同じように人は振る舞っているのである。

　例えば先ほど夕食に食べたカレーの中に入っていた，四角い一辺2cm
ほどのサイコロ状のものは，確かにじゃがいもだと思って食べていたの
だが，それは本当にじゃがいもだったのだろうか。確かにいつも食べる
カレーに入っているじゃがいもと見かけは同じだったし，味も歯触りも
間違いなくじゃがいものものだった。しかしそれは本当にじゃがいもだ
ったのかと問われて改めて考えると，たじろぐ人も多いに違いない。も
し確信を持ってそれを本当にじゃがいもだったと言える人がいたら，そ
れはそのカレーを作るために皮をむきその大きさに切った人だけだろ
う。そして，人の人格は，それを意図的に作った人というのは存在しな
い。

　さらにもう一歩言うならば，単に「外から見たらあるのと同じ」とい
うことだけでなく，それがあると考えた方がいろいろなことがうまく説
明がつく，ということならば，手にとって見ることができなくとも，積
極的に「ある」ということにした方が利益が大きいだろう。人格は，あ
るということは証明できなくとも，あるということにしておいた方が多
くのことが説明がつけられる。どうしてあの人はいつもこういう状況で
このように振る舞うのだろうか（例えば，どうしてあの人は人の機嫌を

損ねそうなときに決まって人を怒らせるようなことを言うのか)，そしてどうして私はこのようなときにいつも冷静に振る舞えるのか (例えば，親しかった人と決定的に別れてしまうときにいつもこのように落ち着いているのか) など，人が一貫性を持った行動をとることを説明するには，一貫した行動をとらせる「人格」がある，と考えた方が都合がよいしつじつまが合うのである。

　このように，現物を見ることはできずあることが証明できないものの，それがあると考えた方がうまく説明がつくという概念を考えていくというような推論の形式は，「アブダクション」と呼ばれている。人格というものはアブダクションの結果として推論されたものであると考えたとき，人格は構成概念であると言うことができる。またそれと反対に，決してとり出すことはできないだけで，そこには人格というものが確固としてあるのだと考えるならば，人格は実体であるということになる。

　実体であろうが構成概念であろうが同じように働くのであれば，どちらでもいいではないかと考えるかもしれない。確かに，どちらでもいいのだからこそ「どちらなのか」という問いは成立するのだし，実用上どちらであっても問題は生じない。しかし，これから第14章まで続けていくように，人格について論理的・具体的に議論をしていくときには，どちらの人格観に立つかによって考え方が大きく変わってくる場合がある。このようなことはふつう人格を語る上ではあまり意識されず，多くの場合は暗黙のうちに人格を実体として扱ってしまっている。本書ではその前提を暗黙では済まさず，よく意識した上でそれぞれの議論を進めていく。

4. 人格を考えるためのさまざまな側面

　実体であれ構成概念であれ，この人格にはさまざまな要素や側面，そ

して他の概念との相互作用がある。いずれにしても一筋縄ではいかない。それを論じるために，数ある要素や側面を一つ一つ採り上げてそれぞれについて考えていくことにする。

（1）測定と記述

　人格をどのようなものとして捉えるにせよ，手にとって見ることのできないこの概念について実際にあれこれと論じるためには，何かしらの方法で人格を測ること（測定）と，それを言語化して述べること（記述）が必要である。もし人格が実体であるならば，測定が正確に行われている範囲であればどの方法をとっても同じ結果が出てくるはずである。しかし，実際は多くの場合そうはならない。

　これは，「測定が正確でない」可能性と，「測定自体は正確でも方法によって人格が変化してしまう」可能性の両方がある。また，記述はより複雑で，同じ測定の結果があったとしても記述の仕方（言語化の方法）によって読み手に伝わる人格は異なったものになる。人格のこの不定性は，本当は安定しているはずのものが正確に読み取れなかったために生じている誤差なのか，それとも本来不定であるものを正確に表現しているのかを判定することは簡単ではない。このようなことを念頭において，人格の測定と記述について論じていく必要がある。

（2）人格の発達

　人格の発達，つまり年齢とともに人格が変化していくということは，日常的な感覚からすれば自然なことだが，ひとたび論理的にこれを論じていこうとするといくつかの困難にぶつからざるを得ない。なぜなら発達は変化を前提としているものであり，人格は一貫性を前提としているからである。これらの概念を同時に成り立たせるには，論理の曲芸が必

要である。発達では確かにその人は変化していくが，その中にも変わらない部分，あるいは結果的に変わらなかった部分があるだろう。その部分だけを指して人格と呼ぶ，というのもそのうちの一つの方法だろう。この場合，人格は第2節に挙げた「気質」に近くなるだろう。あるいは，人格を構成する特性を想定するとして，特性は変わらないがその組み合わせ方が変化して人格が変化する，という考え方も可能だろう。いずれにしても，この論理的には矛盾する概念を両立させるための工夫が必要となってくる。

（3） 人格と環境

　日常レベルで言えば，人格は個人の「中」にあると想定できる。これは仮定としてはそれほど無理があるものではないが，個人の中にあるものだけで人格のありようが決まってしまうということは言えるだろうか。つまり，個人を取り囲むさまざまな環境に人格は影響は受けないだろうか。もちろんまったく受けないことはないだろうが，すべてが環境で決まってしまうということであれば，まとまりを持った「人格」はないということになるだろう。では，どこまでが影響を受けてどこからが影響を受けない独立したものなのだろうか。これもまた，通常人格を論じるときには論じられない暗黙の了解の一つである。この点にも焦点を当てて論じることも必要であろう。

（4） 人格と心理療法

　人格の概念と発達の概念の前提同士が一種の矛盾を含むように，人格と心理療法もまた単純には両立しない側面を持っている。心理療法は何らかの意味での変化を求めて行われる。その変化は，単純にものごとの受け止め方の傾向の変化や行動の変化であることもあるが，その人自身

のあり方，人がら，つまり人格の変化が目指されたり，結果として起こったように見えることがある。もしこの後者のように人格の変化が起こったと考えられるのであれば，変化の前後で人格は一貫しておらず，それはそもそも人格だったのかどうかがわからなくなる。もちろん具体的な心理療法の現場ではこのような「理屈っぽい」ことを考えて行うわけではないが，さりとて曖昧にして流してしまってもいいことでもない。これも人格を考える上で重要な観点となる。

　ここまで人格についてさまざまな側面から論じてきたが，もし人格を実体と見なすならもちろん，構成概念と見なすとしても，人格という概念はこれらのさまざまな側面が重なり合いつつ整合するようなものであるはずである。このような考え方の上で，本書後半の議論を進めていこう。

参考文献

詫摩武俊・鈴木乙史・清水弘司・松井豊（編）（2000）．性格の理論（シリーズ・人間と性格）．ブレーン出版.
若林明雄（2009）．パーソナリティとは何か——その概念と理論．培風館.
渡邊芳之（2010）．性格とはなんだったのか——心理学と日常概念．新曜社.

学習課題

・人格というものは，「実際にそこにある」（実体）ものなのか，説明の都合のために「そこにあることにしている」（構成概念）ものなのかについて考え，それぞれどのような利点と欠点があるのかについて考えてみよう。
・自分が人格というものを考えるのはどのようなときか，考えてみよう。

10 | 人格の記述
―――類型論と特性論

佐々木玲仁

《目標＆ポイント》　人格について学術的に論じるとき，その方法は類型論と特性論に大別される。それぞれの論理について説明するとともに，これまでに論じられてきた具体的な人格理論についても論じる。
《キーワード》　類型論，特性論

　前章では人格の概念についてさまざまな用語の説明をし，本書で扱う人格の概念についてある程度の位置づけを行った。本章では，その人格をどのように記述するのか，つまりこれは人格というものをどのように表現できるのかということについて論じていくことにしよう。

1．人格を記述するとはどういうことか

　上に述べた本章の目標について進んでいくにあたって，まず考えておかなければならないのが，そもそも人格を記述するということはどういうことであるかを考えておくことであろう。第1章でも述べたように，我々は生活し人生を送っていく上で，何らかの意味で人格について考えざるを得ない。それは他人の人格についてであることも多いだろうし，何よりも自分自身の人格であることもまた少なくないだろう。他人の人格については，とりわけ自身にとって重要な他者の人格について考えることが多いだろう。

　そこで考えるのは，おそらくは，考えている本人にとって理解の難しい人がらと出会ったときに人格について考えるのではないかということ

だ。自分に，あるいは，自分以外の誰かに向けられた，理解しがたい行動を見聞きしたときに，我々は，あの人はどうしてそういう行動をするのだろうと考える。これは自分が直接知っている人についてとは限らない。マスメディアを通じて見た人の行動や，映画や小説，ドラマ，演劇などの芸術作品の中で出会った登場人物の，理解しがたい行動を見たときに我々は驚きとともにこの人はどうしてこんなことをするのだろうと考える。そして次に考えるのは，こういう行動をする人はどんな人なのだろうと，その行動の原動力を人がらに求めることである。

　そのような人格を想定したときに，多くの人の人格を見ていくと，互いに似たところがある人と，そうでない人がいることがわかってくる。また，何人かいる理解しがたい人の中にも，何種類か異なる性質の人がいることがわかってくるだろう。さらに考えを深めていくと，理解しがたいと思っている人から見ると，自分自身の方が理解しがたい人だと思われているということがわかってきたりする。

　このように，人がらを考える状況はとかく複雑である。この複雑なものの全体像を理解するためには，まずどのような人格があるのかを記述できる記述方法を考えなければならない。そのような記述方法について論じたのが，類型論と特性論と呼ばれる２つの方法である。

2. 類型論としての人格の捉え方

（1）類型論的思考法

　まず始めに，類型論という考え方について説明する。

　類型論という考え方をとる場合，それぞれの人の性質を複数のカテゴリーに分け，一人一人がそのどこかのカテゴリーに入るということが原則となる。いわゆるカテゴライズ，分類，タイプ分けと呼ばれる型の人格の捉え方である。これは我々の日常の考え方に非常によくなじむ考え

方であり，特に準備なく人格を捉えようとするならば，自然にこの考え方を採ってしまうと言っても言いすぎではないくらいである。ある対象が複雑で捉えどころがない場合，それを一つ一つがそれほど複雑でない（ように見える）ところまで小さく割るというのは，ものごとを捉えるときの基本原則と言ってもよい。また，人がらのことを日常会話で話すときに，「私は○○なタイプなので」「あの人はこういうタイプだよね」という言い方は，よほど気をつけていない限りしてしまうのではないだろうか。

　この類型論的な思考は，それと気づかずに2つの前提を採用している。1つは，「すべての人はいずれかの型に属している」というもので，もう1つは「2つ以上の型に属する人はいない」というものである。前者は，どこにも属さない人が出てくるとそもそもタイプ分けが有効に機能しなくなってしまうことに由来する。そのため，多くの実践的な分類は，「その他」というカテゴリーを持っている。これがないと，類型が実際は機能しなくなってしまうのである。後者は，カテゴリー分けしたときに，AでもありBでもある，というものを認めてしまうと，類型的に複雑なものを単純化して示すということの旨味が減ってしまう。例えば4つのカテゴリーに分けたときに，2つを含むものを認めてしまうと，可能な表現は4から10に増えてしまう。これではあまりものごとの単純化につながらないことになってしまうのである。

（2）歴史的に見られる人格の類型論

　次に，心理学史上に見られる類型論を挙げていく。人格の類型が成立するためには，何らかの他の性質と人格とを関連づけて論じることが必要である。

ａ）ガレノス

　ガレノスの体液説は古代ローマ時代に遡る。古代ローマで特別に人格理論が盛んに論じられていたということではなく，おそらく人間はいつの時代のどの場所でも，「自分からは理解しがたい他人の人格」について考え，悩まされてきており，それぞれの人格理論を作り出してきたのだが，歴史的に途中で散逸・消滅せず残っているものがその時代の理論として現代に紹介されている，と考えるのが現実に即しているだろう。このガレノスの類型論は，その根拠を体液に求める。ガレノスの時代の身体の理解では，体を巡る液は血液，粘液，黄胆汁，黒胆汁に分類されていた。そして，それぞれの人格はこの体液のどの種類が優位であるかによって決まっているというのである。血液が優位な血液質の人は楽天的で社交的，粘液質は冷静で鈍重，黄胆汁質は決断力があり気分の変化が大きく，黒胆汁質の人は憂鬱で内省的であるという。これは，ヒポクラテスがそれぞれの体液と身体の状態を関連づけたことに由来している。このヒポクラテスの説を前提として，ガレノスは「論理的に」この人格理論を導いているのである。

ｂ）クレッチマー

　次に紹介するのは，大きく時代を飛んで，20世紀の精神医学者，クレッチマーの性格分類である。クレッチマーは自身の臨床経験から，体型と気質（ここでいう人格に近いもの）そして精神疾患の診断の間に関連を見いだしている。体型と気質がある程度関連があるという考え方は，ステレオタイプとしては理解が不可能なものではないだろう。また，精神疾患のありようと気質も関連しているという見方も，一定の根拠として成立しないということはないだろう。クレッチマーの人格分類の方法の特徴は，体型や疾患という，外部からの観察可能なものと気質を結びつけたことにある。また，この分類は，後にシェルドンによって調査デ

表10-1　クレッチマーの分類による体型，気質，性格特徴の関連

体型	気質名	性格特徴
肥満型	循環気質 （躁うつ気質）	①社交的，親切，友情に厚い，人好きがする ②明朗，ユーモアがある，活発，激しやすい ③静か，落ち着いている，柔和，丁重，気が弱い
細長型	分裂気質	①非社交的，おとなしい，用心深い，まじめ，変わっている ②臆病，恥ずかしがり，敏感，神経質，興奮しやすい ③従順，お人好し，正直，無関心，鈍感
闘士型	粘着気質	①几帳面で丁寧，融通がきかない，回りくどい ②気分（感情）は安定しねばり強いが時々爆発する

ータによる追試を受けている。それによると，確かに体型と気質にはクレッチマーによる分類と同様の関連があると報告されている。ただし，データによって裏づけられたといってもここにはいくつかの留保が必要である。そもそも，体型と気質を比較するといっても，まずは体型と気質をどのように定義づけ数量化するかはそれほど単純ではない。気質はもちろんのこと，体型を数量化する，とりわけ１つの代表値によって数量化することだけでもかなりの難事業である。類型化という単純化を求める気持ちと同様，我々は複雑な側面を持つ現象を，何とか１つの代表値で表したいという欲望がある。体型に関しても，例えば現代的なものとして BMI（Body Mass Index）が用いられるが，この１つの数値で多様な体型を表現することができないことは我々の経験が教えるところである。

c）フロイト

　上記のガレノス，クレッチマーが，何らかの身体的な性質を人格と関連して論じているのに対して，フロイトは，人がどの発達期に問題を積

み残してきているかということに着目して人格の分類を行っている。フロイトによれば，人格の発達は口唇期，肛門期，男根期，性器期と，（これもフロイトの主要理論の一つである）リビドー（性エネルギー）の発達によって区分けされる。これらの用語は現代から見ると奇異なものにも見えるが，フロイトが性的なエネルギーを基盤として人格発達理論を構築していることからこのような用語が用いられているのである。そして，それぞれの時期で起こる欲求が十分に満たされていないままに成長すると，のちのち問題はその時期に満たされるはずだった欲求への固着，つまり離れがたさや囚われとなって顕れてしまう。これがどのような様相を呈しているかによって，口唇期的性格，肛門期的性格，男根期的性格などに分類されるということになる。身体的な性質を人格に結びつけて論じている類型論は，暗黙のうちに「現在の」身体的特徴が人格に影響を与えているとしているのに対して，フロイトの類型はその人の生育史の中での滞りのあり方が人格に強く影響を与えているという考え方が特徴的である。

ｄ）ユング

　ユングの人格理論は，その名前が「タイプ論」というだけに類型論の文脈で紹介されることが多いが，その構造は，人格を１つの基準でいくつかのカテゴリーの中に分類するという類型論の基本的な形とは異なっている。ユングが人格を論じるときは，内向－外向，思考－感情，感覚－直観と３つの軸を用いる。この点では次に述べる特性論と似通った性質があるとも言えるが，これらの３軸の組合せがあらかじめ想定されている点で，一般的な特性論とも異なっている。

ｅ）類型論の利点と問題点

　ここで挙げた類型論について，それを用いることによる利点と，それを用いることによって生じてしまう問題点について述べる。

　まず利点としては，複雑怪奇に見える人格というものを，非常に少数のカテゴリーのどこかに分類することで，見通しのよい，わかりやすいものにできるということである。人格に限らず，我々はある程度以上複雑なものを捉えようとするときにはそれよりもずっと少数の引き出しのどれかに入れてしまうということは，そもそも人間が何かを理解するときの常套手段だといえる。このように，人格を直観的に理解しようとするとき，特にそのカテゴリー数が少なければ少ないほど，非常に見通しのいい人格像を描き出すことができる。

　一方，類型論の問題としてもいくつかの点が挙げられる。上に論じた見通しのよさと引き換えに生じる問題は，歴史的な類型論の根拠の薄弱さ，分類基準の曖昧さ，分類の境界付近にあるものの表現の難しさ，2つのカテゴリーの双方の性質を持つときの記述の難しさ，継時的な不安定さなど，数多い。

　この中でまず考えるべきは歴史的に見られる類型論の根拠の薄弱さである。時代的な隔たりがあるので並列して論じることには難しさもあるが，体液，体型，発達期への固着それぞれが，それがどう人格に影響を与えているかについては主張できても，それらがなぜ人格に影響を与えているかの論理的なつながりについては証明をすることが難しい。結果論的にその類型が成立することが言えるとしても，その根拠との関連は示せても因果関係を示すことは非常に困難なのである。

　次に，分類基準の曖昧さである。複雑怪奇なものを少数のカテゴリーに分類するときには何らかの基準が必要である。だが，実際に行ってみると，どのような基準を立てるにしても例外が多く生じ，個々の人格をどちらに分類するかが明確に決まらないことも多い。さらに，そうやって何とか基準線を決めたとしても，例えば似通った2人の人格があるとして，その2人の人格の間に基準線が引かれてしまうと，その2つは別

のカテゴリーに属していることになってしまう。同様に，ある１つの基準線近くの人格は，反対側の基準線近くの人格とは相当に異なっていることがあり得るが，これもまた同じカテゴリーに入れられてしまう，ということが生じ得る。このように，ものごとを理解しやすくするためのカテゴリー化は反面，理解を優先して実際の現象からは遠く離れてしまうときがあるという根本的な問題を抱えているときが多い。

　そして，上の問題に対処しようとして２つ以上のカテゴリーの両方の性質を持っている人格を認めると，これはこれでこの類型化は別の形で破綻してしまう。なぜならば，例えばせっかく４つというとても把握しやすい数の分類を設定したとしても，そのうち２つのどちらも，という選択肢を与えてしまうと，２つの組合せは６通りあり，全体の分類数は一気に倍の10通りに増えてしまうからである。さらに，２つを認めるならば３つを認めない理由もなく，そうするとさらに４通り増えてしまう。４つあるいはゼロを認めるかどうかはおいておくとしても，現実の人格との対応性を重視して複数選択を可能にすると，せっかくの見通しのよさが失われてしまう。

　このように，類型論はその見通しのよさと引き換えに，実際の人格との乖離が大きくなることの危険性を常にはらんでいる方法なのである。

3. 特性論としての人格の捉え方

（１）特性論的思考法

　人格を特性論として捉えるときの基本的な考え方は，人格をひとかたまりとしてまるごとどこかのカテゴリーに入れるのではなく，人格の中に複数の変数（パラメーター）を設定し，個々のパラメーターの高低あるいは強弱の度合いによって人格を表現しようとするものである。これらのパラメーターは，お互いに独立，つまり１つのパラメーターが他の

パラメーターに影響を与えないとするものもあれば，パラメーター同士がそれぞれ関連しているという考え方もある。いずれにしても，人格をいくつかの側面に分けて，その組合せで表現しようとするのが特性論の特徴である。例えば2人の人がいたとして，この2人は人格全体として似ていないが，ある側面だけに絞ってみるとそこに限って言えばよく似ている，ということは日常的にも納得しやすい現象であろう。

（2）歴史的に見られる人格の特性論

　これまで行われてきた個々の特性論の研究についていくつか取り上げて論じる。

a）オルポートとオズベルト

　オルポートとオズベルトの特性論は，人間の人格の特性を表すのに，人格について表現している用語を辞書から多数（18,000ほど）拾い上げ，その分類整理から始まっている。つまり，まずは人の人格そのものから始めるのではなく，人が人の人格を表現するときに用いる用語の分析から始めたのである。我々は他人の，あるいは自分自身の人格を表現するときには，実際には言葉を用いて行うということを考えれば，その表現法である用語を整理することから始めるというのは非常に実際的なアプローチであろう。ここで拾い上げられた用語は最終的には分類整理の結果として4,500に絞り込まれ，最終的には4つのカテゴリーに分類された（ここで類型化されたのは，人格ではなく人格を表現する言葉の方である）。この4つはパーソナリティ特性，一時的気分，評価・価値判断，身体的特徴である。これは特性論の研究が進んでいく中で重要な基礎となっている。

b）キャッテル

　キャッテルもまた，人格を表す用語の分類整理から始めている。ここ

で用いられているのは171の用語である。キャッテルに始まり現代にも続いている特性論の基本的な研究方法は，それらの用語について多くの人に評定，つまりその用語で表される性質がどのくらいの程度なのかを数量化してもらい，その数値を因子分析という統計学的手法を用いることによって記述することであった。この方法を用いることで，多くの用語で表される人格の一側面について，その共通特性を抽出することができ，多くの人格特性を特徴づける少数の因子を採り出すことができる。キャッテルは，人格を捉えるために，何らかの基本単位になるような性質があることを仮定してこのような統計手法を用い，12ないしは16の基本単位を抽出したことになる。

c）アイゼンク

　アイゼンクもまた特性論的な人格理論を作り上げているが，その特徴は，その特性の軸をどれだけ減らしても人格を記述し得るかを探求したことにある。いかに人格の側面を多様に記述する特性論とはいえ，その特性はより少ない数で実際の人格を理解することができればその様相の把握が容易になる。アイゼンクはその最少の次元を人格の基本次元とし，神経症傾向の次元と内向性－外向性の次元の２つを抽出した。また，キャッテルらの因子分析からの特性の抽出と異なり，行動的側面や生理的基盤との理論的なつながりを示していることも特徴の一つである。神経症傾向は情動性についての性質で，気分の不安定さや不安の高さなどに関連し，また，内向性－外向性は，内省的な度合い，他者からの影響の受けやすさ，ものごとを決定するまでの時間のかかり具合などについての性質に関連している。アイゼンクはその後，第三の軸として精神病傾向を先の２軸に付け加えた。この軸は前の２つと異なり，病理性を直接的に表すものとなっているために，人格の記述としては用いにくいものになっている。

d）5因子モデル

　本書執筆の2020年現在，最も受け入れられている特性論の記述法，そして最も受け入れられている人格の記述法は，5因子モデルと呼ばれている記述方法である。この因子数と安定性から，Big Five とも呼び習わされている。これは1980年代からゴールドバーグらによって人格理論の文献研究が行われ，人格理論の多くが5因子で記述されることが示されたことによって提唱されるようになった。5因子の内容はさまざまであったが，マクレーとコスタによる，外向性，開放性，誠実性，調和性，神経症傾向の5つを因子とする5因子モデルが提唱され，これが現在では一つの主要な理論として定着している。この5因子には，アイゼンクの外向性と神経症傾向が含まれている。これ以外の因子としては，開放性が新しい経験に開かれている程度，調和性とは他人との協調のしやすさや利他性の程度，誠実性は意思の強さや目的性の高さの程度とされている。この5因子モデルは，理論的根拠，安定性，遺伝的規定性から，あるいは異なる文化間で一致を示すこと，自己評定と他者評定でそれほどの乖離が見られないことなどから，その有効性が主張されている。

表10-2　Big Five（McCrae & Costa，1987より作成）

特性因子	代表的な特性尺度	特性因子	代表的な特性尺度
神経症的傾向	穏やかな－心配性 頑健な－脆弱な 気楽な－神経質な	開放性	因習的－独創的 慎重な－大胆な 同調的－独立的
		調和性	非情な－思いやりのある 利己的な－無私の
外向性	内気な－社交的 物静かな－おしゃべりな 抑制的な－自発的な	誠実性	頼りない－信頼できる 怠慢な－誠実な

e）特性論の利点と問題点

　特性論を用いることで，類型論で生じた多くの問題点を解決することができる。比較的多くのパラメーターを用いることで，「ある側面では似通っているが，ある側面ではまったく似ていない」という二者同士の関係を表現することができる。また，パラメーター化することによって多様な人格を必要以上に単純化することなく，その枠内で表現することができる。これは類型論がそれぞれの人格をその分類のどこかには押し込めなければならないという条件とは大きく異なっている。

　反面，特性論の問題点は，その特性について表された全体像を言語化することが容易ではないというところにある。パラメーターAが高く，Bが低く，Cが中くらいといったときに，ではその人はどんな人なのかということを簡単に説明することが難しいのである。いくら複数のパラメーターでその人が表現できるとはいえ，その人は一人の人間であり，その人格も（特別な仮定がなければ）一つのまとまりを示していると考えるなら，それらを用いて「……という人」という記述が可能でなければならない。しかしこれは存外に難しく，最終的にはそのパラメーター群を無理なく説明する人物像を描き出す「文学的作業」がつきまとう。このこと自体が問題なのではないが，結局のところ，人格の複雑さを語るためにはどうしても複雑さを複雑なまま論じるというステップからは逃れることはできない。

4. 類型論・特性論共通の問題から見える人格の記述の問題点

　本章では類型論と特性論について述べてきたが，最後のこの節では類型論と特性論の共通の問題点と，類型論と特性論には収まりきれない人格理論について論じる。

（1）類型論と特性論共通の問題点

　この２つの論型は，人格という対象についての異なる２つのアプローチであるが，この２つには共通の問題点がある。それは，基本単位の数の問題である。具体的には，類型論ではカテゴリー数，特性論では因子数が問題となる。類型論では，カテゴリー化をするために実際の人格の様相との乖離が問題になるが，それを解決しようとするとカテゴリー数を増やすしかない。しかし，ある程度の論理的整合性や根拠を示しながら論じようとすると，カテゴリーの数がある程度以上多くなると，直観的な把握が難しくなってしまう。人にもよるだろうが，実際に頭の中に思い浮かべるとするならばせいぜい４つが限度ではないだろうか。同様に，特性論の特性数にも，使う側の想像可能な範囲というものがある。主要５因子は安定性には優れているかもしれないが，しかし，各因子の高低だけとるにしても，５軸を用いて想定することは困難である。特性数であるならば，アイゼンクが用いたような２軸を操るのがせいぜいではないだろうか。軸の性質にも大きくよっている面もあるが，アイゼンクが後に付け足した第３軸がそれほど用いられていないのは，このような事情もあってのことではないだろうか。２軸を用いると，例えば高低の２段階で分けるとすると，２×２の，これも４つくらいが限界で，３軸を入れると８つとなり，これを扱うのは困難となる。

　このように，類型論であれ特性論であれ，その論理的な性質はともかく，我々が直観的に扱えるものの数は同じように限られていることを認めるならば，一つの大きな問題が浮上してくる。それは，人格というものはどこにあるのか，という問題である。つまり，我々がせいぜい４種類しか人格をイメージできないならば，その４つというのは観察されている人の人格の中にあると本当に考えていいのだろうか。実はこの人格は，見られている人の中にあるのではなく，見ている人の中にあるので

はないか？　この問題は人格というものを考えるにあたって重要な問い
である。

（2）類型論と特性論に収まらないもの

　最後に，ここまで論じてきた類型論と特性論に収まらない人格の記述
について説明を加える。ここで採り上げるのは，ユングのタイプ論であ
る。この論は，「タイプ」論というタイトルからも，実際の構造が複雑
でわかりにくいことからも類型論に入れて論じられることが多いが，単
なる分類をするということではない，より複雑で動的な内容を持った論
であることをここで説明しておこう。

　ユングのタイプ論の構造は，３つの直交する軸を持つ三次元の構造を
持っており，そのうち２つの軸はお互いに影響をしあっている。この中
で，まず，１つ目の軸である内向－外向から採り上げよう。

　この軸は，「一般的態度」と呼ばれている。ここでいう内向や外向は，
日常語で言われるような「性格が明るく人付き合いがうまい」かどうか，
というのとは異なった意味で用いられている。ここでは，内向，外向と
は，その人の関心や興味が自分の外にあるものに向いているのか，ある
いは自分の内にあるものに向いているのかによって特徴づけられる。外
向は，自分の外にある人や物ごとに向けられ，その外にあるものとの関
係に関心が向く性質である。一方，内向は関心や興味が自分自身の内面
に向けられ，自分の主観的な要因に関心が向くという性質である。この
２つは相反するものだが，どの人も両面を持っており，どちらの傾向が
強いかでその人が特徴づけられる。

　次に残りの２軸に関わる４つの性質である，思考，感情，感覚，直観
に移ろう。この４つは「心理機能」と呼ばれ，思考－感情，感覚－直観
という２組に別れてそれぞれに軸をなしている。

　まずは思考−感情の軸について述べる。「思考」は，あるものを見たときに，その性質や属性について概念的に捉え，論理的に考えようとする機能である。例えば，ある複雑な構築物を見たときのことを考えてみよう。思考機能は，見たものの構造を推測し，それがどのようにできているかを考えることで理解しようとする機能である。これに対して「感情」は，その対象について好きか嫌いか，好感を持つか否かということに関連する。複雑な構築物を見たときには，その仕組みや構造よりも，それに対して好き，嫌い，面白い，つまらない，あるいは快，不快という気持ちの次元での判断を行う機能である。

　この思考と感情はお互いに対立する関係にあって，多くの人は，片方を使いこなせるならば，もう片方はうまく使いこなせない。つまり，思考機能を使いこなせるならば，感情機能はうまく使いこなせない。例えば，何かの芸術作品を見たときに，思考機能を使いこなせる人はその作品の構造や来歴，仕組みや仕掛けについて関心を抱き，感情機能を使いこなせる人は，それを見たときに湧き上がる，「好き」「嫌い」の印象によってその作品を受け取っていく。思考機能が極端に強く，感情機能が極端に弱く働く人は，芸術作品を見て「感動する」ということがわかりにくく，よいものに対して「感心する」という受け取り方をする。また，逆に感情機能が強く思考機能が弱く働く人は，その作品に「感動する」が，なぜ感動するかについて論理的に考えるということは感動の興を削ぐように感じられる。「ただ面白いだけでいいではないか」と思うのである。

　次に，感覚−直観の軸に移ろう。「感覚」は，生理的刺激をそのまま受け取るという性質である。自分の外にあるものであれば，五感で捉えられるものごとの形や色などの物理的性質を正確に捉えられる。例えば，複雑な形をした色とりどりの花があったとき，感覚機能を使いこなせる

人は，それがどのような形であったのかを細部までを詳細に受け取り，また色についても正確に記述できる。感覚機能を使いこなせない人が「花」と一言で済ませるところを，「葉っぱが何枚で背の高さがこのくらい，花の形はこんな形で，３種類の色があって……」と細部にわたって受け取ることができる。次に「直観」に移る。直観は何かを捉えるときに，その対象そのものよりも，その対象をきっかけによって生じる可能性に目が向く機能である。直観によって人は，今目の前にあるもの自体よりも，直接的にはつながりのわからない何らかの別のものを捉える。これはものごとの捉え方として的外れなものになることもあれば，それまでの常識を飛び越えて新しい可能性を開くこともある機能である。直観機能を使いこなせる人はまた自分のたどり着いた結論がなぜそうなるのか，自分自身で説明できない。しかし，なぜだかそのように思うのである。この２つが対立するのは，感覚が対象そのものを正確に捉えていくのに対して，直観は対象を超えた他の可能性に開かれているところである。感覚機能が極端に強く直観機能が極端に弱く働くと，「目の前の対象だけに縛られてしまう」ということになるし，逆であれば直観の命ずるままに実際の対象からは離れていってしまう。

　ここまで述べてきた，思考，感情，感覚，直観は，どれも人が生きていく上での重要な機能である。しかし，どれもこれもうまく使いこなせるというものではなく，上に挙げたように片方を使いこなせるならば，もう片方が使いこなせないという組み合わせがある。この使いこなせる機能のことを主機能，使いこなせない機能のことを劣等機能と呼ぶ。これらの心理機能と内向，外向の一般的態度とを組み合わせて人の人格について記述するのがユングの人格理論である。

　この理論の他の特徴として挙げられるのは，劣等機能は「使わない機能」なのではなく，「うまく使いこなせない機能」である，ということ

である。例えば感情機能が劣等機能である（思考機能が主機能である）場合，感情を上手にコントロールを利かせて使うことができず，人に対して強すぎる感情をぶつけてしまい，しかもそのことについて本人が気づいていない，ということが起こる。主機能が非常に強い場合，それに対立する劣等機能もまた非常にコントロールが利きにくくなるという性質がある。このことは「相補性」と呼ばれている。

　このように，ユングの人格理論は，単純に類型論の範疇に入るものではなく，特性論的な性質も持ちつつ，その特性同士の関係が構造的に作られているところに特徴がある。そのために，ここでは類型論と特性論に収まらないものとして挙げておいた。この理論は，類型論と特性論に収まらないだけでなく，それらのどちらの短所も補うものであるが，それと引き換えに構造が複雑になり，一見して理解できるものではなくなっている。

　ここまで見てきたように，類型論，特性論，それらの収まらないものを含めて，理解がしやすければ人格を記述するものとして単純化されすぎ，複雑な人格が記述できるならば理解が難しくなるというトレード・オフが全体として成立することになる。このように，人格を記述するということはまことに困難な仕事であるということがわかる。

参考文献

Jung, C. G.（1921）.（*Psychologische Typen*. Rascher.（邦訳：林道義（訳）. タイプ論.）みすず書房.

河合隼雄（1967）. ユング心理学入門，培風館.

McCrae, P. R. & Costa, P. T.（1987）. Validation of the five-factor model of personality across instruments and observers. *Journal of Personality and Social Psychology*. **52**, 1223-1226.

大山泰宏（2015）. 人格心理学. 放送大学教育振興会.

若林明雄（2009）. パーソナリティとは何か——その概念と理論，培風館.

学習課題

・人格を考えるときに，人格の性質を表す言葉と人格そのものはどのような関係にあると言えるだろうか。

11 | 人格の測定

佐々木玲仁

《**目標＆ポイント**》 感情と同様，人格もそれを学術的に論じるには何らかの意味で測定を行わなければならない。その具体的な方法について，心理アセスメント法の文脈から具体的な技法に触れつつ論じる。
《**キーワード**》 質問紙法，投映法，測定可能性

本章では，人格を把握するためにその測定を行うことの方法と意味について論じる。この「測定」という言葉自体，日常でもよく用いられるが，厳密に考えるとこれの意味するところはそれほど単純ではない。その上に，測定しようとするものが人格という捉えどころのないものなので，より話は複雑である。この，捉えどころのないものを捉える方法について説明をしていく。

1．人格の記述と測定の関係

前章では人格の記述，すなわち類型論なり特性論なりという理論的な枠組みを用いて，人がどのような人格を持っているのかについて理論立てて言語化していく試みについて説明した。その記述に対して，本節ではそれを確かなものにするために，具体的にどのように人格を測定していくかについて論じていく。

ある一つの人格の記述方法があると考えたとき，それが確かなものなのかについて，またその詳細はどのようなものなのかについて論じようとするならば，実際にはそれぞれの人の人格について測定を行うしか方

法がない。その理論が実際に人々の人格を表しているのかを考えるため、実測したデータを基にそれを吟味するしか方法がないのである。これは一見、何の問題もない正論に見える。しかし、人格に限らず、「測定」という行為は、日常的に当たり前なこととして行われていることから連想されるほど簡単なことではない。そこでまずは、測定という行為そのものについて論じていくこととしよう。

　本章で扱うのは人格というそれ自体は物理的実体のないものである。これが、例えば人体のように一応物理的実体のあると見なせるものであれば、記述と測定の関係は人格についてそのことを考えるほど複雑ではない。身長であればものさしを当て（長いものさしが必要だが）、体重であれば体重計に乗ってみると何かしらの数値が得られる。我々はその数値をもって、自分の身長や体重を把握する。少なくともそのように我々は感じている。これは一見、何らの不思議もないように見える。しかし、この場合でも、そもそも測定をする前に記述をすることは可能なのかと考えると話は若干ややこしくなる。体重計に乗る前に、我々は体重を記述することはできるだろうか。「今日は体が重い」であるとか「体が軽く感じる」ということはあるだろうが、そういうときに我々は「本当のところはどうだろう」と思って体重計に乗る。そして、自分の思っていたように体重が増え、あるいは減っていることを見て「やっぱりそうだったか」と確認をする。ここで注意してもらいたいのは、我々が「本当の体重」と思っているのは、体重そのものではなく体重の測定値だということである。身長の方はより複雑である。身長というものは自分の身体の上下方向の長さのことであるから、自分自身の目で見ることができない。身長が伸びる時期の子どもは、誰か周りにいる人から「背が伸びたんじゃないの？」などと言われて初めて身長が伸びたことを意識できる。あるいは、それまで着ていた服が窮屈になったときに、体の大き

さそのものが変化したことに気づくかもしれない。そして（文字通り）身体測定のときに身長の数値を見て，「やっぱり伸びていた」と感じるのである。

　このように考えてみると，「身長」や「体重」については，我々は測定された数値を身長や体重の実際の値と考えていることがわかる。背の高さや体の重さはその実感として感じ取られるものよりも，測定値の方が「本当の背の高さ」「本当の体の重さ」として扱われるのである。自身の実感よりも，測定値を信用しているのである。このことは，身長や体重が身体という物理的実体を持っていて，少なくとも「背の高さ」ではなく「身長」を語っていることから生じているもので，特に問題になることはない。

　問題は，人格という物理的実体を持たないものを測定しようとした場合である。人格は目にも見えず，他の人からは全貌は把握できず，その一面を把握したとしても他の側面についてはわからないことが多い。それだけでなく，その人格を持っている（ことになっている）人自身もそれがどのようなものであるかは把握しきれない。そして，身長や体重とは違って物理的実体を持たない以上，それ自体を直接的に測定するものさしは，少なくとも客観的には作ることはできない。

　一方で，何らかの測定が行われたとすると，そこには何らかの結果が出る。測られたものが物理的実体はなく，測った値（数字とは限らない）が明瞭に出ると，人はその測られて出てきた数値を人格だと思ってしまう。そして，その結果を見て納得してしまう。ああ，これが私の（あの人の）人格なんだな，と。このように，明確な結果で測られた明確でないものは，得られた結果によって不適切に明確化されてしまう。このことの危険性は，いくら強調しても強調しすぎることはない。

　我々は，人格の測定という行為が常にこのような危険をはらんでいる

ものだということを忘れないようにしながら話を進めていくことにしよう。

　人格の測定について注意すべき点は他にもある。それは人格の測定がなされるには2種類の動機があり，その動機によって重視すべきポイントが異なるということである。

　動機の1つ目は，人格の把握自体を目的とする場合である。言葉を替えていうと，学問としての研究を行い，人格というものがどのような様相でどのように働くのかということを知ること自体を目的として研究を行うという場合である。このときは，可能な限り正確で「客観的」な測定を目指すことになる。なお，ここで「客観的」と「　」をつけたのは，人格に関しては本当に客観的な測定は不可能だからである。しかし，ここではその話には深入りしない。

　もう1つの動機は，主に臨床心理学の分野で取り扱われることだが，人に対する心理的な援助を行う上で，クライエントがどのような人であるかを把握し，その後の援助に生かしていくために測定を行うという場合である。この場合，正確に測定すること自体も目的となるが，それ以上に測定という行為全体がその後の援助に有用かどうかを考えることが重要になってくる。というのは，測定の正確さとその後の援助への有効さは時として相反するものになってくることがあるからで，臨床心理的動機から測定するときには，援助への有効さの方が測定の正確さよりも優先される場合があるからである。なお，「正確でないのに有効」という場面はどのようなものであるかについては，後に議論したい。

　ここまで論じてきたような観点に注意しつつ，次節以降はその違いにも留意しながら，具体的な測定方法について説明していく。本章では，質問紙法と投映法という2つの方法に分けて論じていく。

2. 測定の方法１──質問紙法の世界

（1）質問紙法の特徴と長所・短所

　質問紙法は文字通りに読めば質問の書いている紙ということになるだろうが，人格を測定するという目的で用いられる質問紙法というときには，「回答者自身についての多数の質問に対して，当てはまる度合いを数字で答えるものの１セットの質問群」のことを指すことが多い。例えば，「人と話すことが好きである」という質問に対して５段階の答え方が用意されており，１が「まったく当てはまらない」，５が「非常によく当てはまる」とされて１〜５のどれかを選択する，というものを１問とし，多くの場合数十問，場合によっては100問を超える質問に一そろい答えることで完了する。

　この形式は，日常生活においては「アンケート」と呼ばれるものに近い。また，マスメディア上で「心理テスト」などと呼ばれてこの形式で示されるものも多いだろう。これらの日常でよく目にするものと，心理学で人格を測定するときに用いられるものとの違いは，これらの質問紙法が何らかの意味で検証が行われているというところにある。

（2）主要５因子尺度（Big Five 尺度）

　人は人の人格を表現するときに，いくつの軸があったら過不足なく言い表すことができるだろうか。先に見たように，おそらく２つでは少なすぎる。２つの軸によって言い表された人格は，多様な人物像を言い表すのには不足するだろう。一方，例えば要素が10個あったらどうなるだろうか。もし，10個の要素をうまく組み合わせることができたなら，相当に細かいところまでその人の人格を記述することができるだろう。しかし，このように軸を増やすことには２つの難点がある。１つは，10の

軸を有効に機能させるためには，10個のお互いに内容の重ならない軸を
用意する必要があるということである。いくつ軸があっても，ある軸が
別の軸と内容的に似ていたら，その軸を用いる必然性は低くなるからで
ある。しかし，人格という曖昧なものについてお互いに重ならない軸を
それほどの数用意することは果たして可能なのだろうか。次に2つ目の
難点として，仮に精密に10のお互いに重ならない軸を用意することがで
きたとして，10の値を与えられた人は，それを一人の人の人格として統
合して語り得るのだろうか，ということが挙げられる。ある人の情報と
して「この人はこういうところがあってこういうところがあって……」
という情報を10個ばらばらに渡されたとしたら，途方にくれるのではな
いだろうか。そして，「それで，その人はどういう人なの？」と聞いて
みたくなるに違いない。人が直感的に捉えることができない形でも人格
を捉えることには意味があるかもしれない。しかしそれはどういう種類
の人格なのだろうか。少なくとも日常生活には関わりはないし，心理臨
床の現場でも役立てがたいものなのではないだろうか。

　ここまでの議論のように，人格を表す軸が2つで足りなくて10で多す
ぎるとするならば，どのくらいの数ならばちょうどいいのだろうか。現
在，人格検査の主流として用いられる主要5因子モデルによる人格検査
は必ずしも上のような議論をたどって得られたものではないが，5因子
というのは詳細さと統合可能性の観点からすると，人格を表す軸の数と
して有望な選択肢であるように考えられる。このような5つの因子を測
定するものとして，いくつかの種類が開発されている。商品化されてい
るものとしては，NEO-PI-R がある。NEO-PI-R はこの5因子につい
て各因子当たり複数の質問に答えるものだが，その項目数の多さから回
答への負担が大きいため，短縮版も開発されている（例えば NEO-FFI
など）。この主要5因子を測定する尺度は日本語版だけでも複数の質問

紙が開発されているが，尺度のレベルだけではなく，主要5因子の因子名も必ずしも一致をみているわけではない。NEO-PI-R について言えば，測定されるのは外向性，神経症傾向，開放性，親密性，誠実性の5つである。

（3）TEG

　TEG は東大式エゴグラムの略称であり，何度かのバージョンアップを経た後，現在は新版 TEG-III と呼ばれるものが広く用いられている。これは因子数は NEO-PI-R と同じ5だが，個々の因子も，それによって立てられる人格像も異なっている。エゴグラムは，交流分析という一つの人格理論によって成り立っている。これらの因子は「自我状態」と呼ばれ，それぞれ，CP（批判的な親），NP（養護的な親），A（大人），FC（自由な子ども），AC（適応的な子ども）と名づけられている。この各自我状態の高低をグラフに表したもので人格を表現する。本来的にこのエゴグラムは背景理論である交流分析を理解する必要があるが，合計で53という項目数の少なさもあり広く普及していて，その普及具合は交流分析自体の普及具合を上回っている。

（4）YG 性格検査（矢田部ギルフォード性格検査）

　YG 性格検査は現在のところ非常に広く普及している人格検査である。ギルフォードの開発した3つの性格検査を統合・翻訳し，1つの性格検査としてまとめられている。この検査の因子は12あり，それぞれにD，C，I，N，O，Co，Ag，G，R，T，A，Sというアルファベット1文字から2文字の略称がついている。また，この12の因子の上位にはいくつかの因子を統合したものが示されている。また，因子の組合せのパターンを5つの型に分けることができるため，この技法は特性論的な

方法だけでなく，類型論としての性質も併せ持っている。因子数が12というのはいささか多く，また，質問項目も120あり，原則的に読み上げ方式で行うことになっているため負担も決して軽くない。また，この検査に対する妥当性や信頼性に疑問を呈している研究も見られる。しかし，臨床現場で非常に広く普及しているために，この検査が用いられる機会，習熟している専門家の数は多く，この検査の読み取りについての知見の蓄積は多い。

（5）測れるものと測れないもの

　ここまで一般的な質問紙法による人格の測定方法を示してきたが，ここでこれらの方法で共通している，測れるものと測れないものについて論じておこう。

　質問紙法の共通性は，どの方法も，言葉で質問されたことに対して「はい」「いいえ」あるいは１〜５の数値などを選択して答えるということである。これらの回答は点数として加算されて数量化される。そしてその程度の差こそあれ，統計的手法を用いて標準化された得点に換算されて読み取りが行われる。ここでできるのは，その人が答えた質問紙の得点が，多くの人の中で見たときに高い方なのか低い方なのか，それともどちらでもなく標準的なものなのかを知ることである。このように，理論上はその人の得点の，集団の中での位置を知ることができる。そうすることによってその人の人格の一側面について確かな情報を得ることができるのである。

　このようなことができるのに対して，質問紙ができないことは，本人がわかっていないことは得られない，ということである。上記の説明の通り，質問紙法の質問は，本人が自分に対してそう思っているということを答えるものである。さて，この自分についてわかっていることを集

めたことによって，その人の人格は記述されたことになるだろうか。例えば，上で説明した TEG-III には，「ユーモアがある」という問いに「はい」か「いいえ」で答えるという設問があった。この問いに「はい」と答えた人は，果たして本当にユーモアがあると言えるのだろうか。あるかもしれないがないかもしれない。そもそもユーモアがあるかどうかは本人が判定するものなのだろうか。これは深遠な問題であり，そのような意味で質問紙法は深遠な問題を考えるのには向いていないかもしれない。しかし，人格を考えるということは深遠な問題ではないだろうか？

　そう考えると，質問紙法が人格を捉えるのにふさわしいと考えるかどうかは，人格というものを深遠なものであるかどうかという価値観の問題と関連している可能性がある。あるいは，人格のうち，本人の捉えることのできる部分のみを捉えることができるというふうに割り切ることができたら，質問紙法をより実際的に使えることになるのかもしれない。

3. 測定の方法2——投映法の世界

（1） 投映法の考え方

　次に紹介するのは投映法である。この方法は，質問紙法のように自身の人格について直截に質問することはしない。その代わりに，ある程度の解釈の余地を残すような曖昧な問いかけを回答者にして，その曖昧さをどのように解釈しどのように回答するかということからその人の人格を推測しようというものである。このような考え方に基づいているために，投映法は回答者がすぐに答えられるものではなく，聞かれた後に心に浮かんでくるものを回答するように，それぞれの技法には何らかの形で「空白」を持たせている。その空白をどう埋めるかによって，その人の人格の特徴を捉えるのである。

（2）文章完成法

　文章完成法は，質問紙法と同じように文章によって課題が与えられる。質問紙法と異なっているのは，質問紙法が言葉で問いを立て，数字で答えるあるいは「はい」「いいえ」の二択で答えるのに対して，文章完成法は文の中に空白部分をおいて，そこを回答者が埋めるように求められることである。例えば，精研式 SCT 成人版では，1問目に

　　「子どものころ私は　　　　　　　　　　　　　　　　　　　　　」

という問いが与えられている。回答者はこの空欄を埋めるように，文章を書き足すのである。この問いには，一言で答えてもよいし，長い文で答えてもよい。そこは回答者が自由にできることであり，そこをどう書くかにもそれぞれの人格の個性が顕れると考えるのである。精研式 SCT は全部で60問あり，これにすべて答えることになっているが，もちろん回答者が何も書かないことも許容される。その設問に答えないということ自体がその人格を読み取る重要な手がかりになるからである。

　このように，投映法では質問紙法と違って，文章を用いる場合でもそこに空白を持ち込み，回答者がある程度自由に振る舞えるような仕掛けがなされているのである。

（3）ロールシャッハ法

　投映法の中で最も代表的で最も情報量が多いのがこのロールシャッハ法である。精研式 SCT が文章を呈示してその空白を埋めるように求めるのに対して，ロールシャッハ法では図像を示して，それが何に見えるかを答えてもらう。ここで示される図像は，「インクを垂らして偶然にできたもの」と教示される。つまり絵を呈示するが，犬の絵やリンゴの絵というように，何を描いているのかが明らかにわかるものではない絵

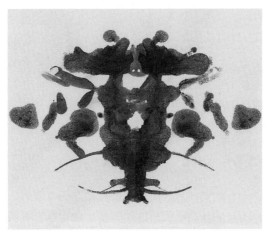

図11-1　ロールシャッハ法の図版の例（模擬）

を見せるのである。この「何が描いてあるのかわからない」というところが，投映法でいう空白である。あえて言語で表現するならば，「＿＿＿＿の絵」ということになるだろうか。この空白部分を言葉で答えるのがロールシャッハ法である，と言うことができる。

　この課題設定でわかるように，文章の穴を埋める課題よりも絵を見てそれが何に見えるかを答える方が回答の自由度が高い。また，回答者自身はなかなか気づかないことだが，その回答者にはその絵が「これにしか見えない」ように見えているが，その見え方は人によって大きく異なっている。この絵としての自由度の高さと，回答者の自由度の低さ（意識的コントロールの難しさ）が，ロールシャッハ法の人格検査としての価値の高さを生み出している。

　ロールシャッハ法についてはその運用方法は多くの相異なった技法がある。これらの各技法について個別に言及することはしないが，どの方法もロールシャッハ法の10枚の図版を用いること，何が見えたかだけで

はなく絵のどこに注目したか，絵のどのような特徴からそう思えたかを言語化することが求められることは共通である。

　文章完成法は，文という直線状のものの中に穴を空けて回答してもらうが，ロールシャッハ法は絵という平面の上に描かれたものについて，その「意味」に穴を空けて回答してもらう。したがって，文章完成法よりもロールシャッハ法の方が設問1つ当たりの回答者の負担は大きくなる。しかし，例えば精研式 SCT の60問に対してロールシャッハ法の10枚という図版の数は，1つのパッケージとして見たときにはどちらの負担が大きいかを比較するのは簡単なことではない。

（4）描画法

　描画法は，その名の通り絵を描いてもらう方法だが，絵を描くということの普遍性からみても明らかな通り，必ずしも人格の測定方法としてだけ用いられるわけではない。心理学に限り，またその中で臨床心理学や心理療法の文脈に限ったとしても，絵を描くという行為は人格の測定というだけでなく，それ自体が心理療法の一つとしても用いられる。つまり，絵を描くという行為は，そこに人格が表されるというだけでなく，その行為自体が人格に影響を与えるという仮定が立て得るのである。これは他の技法にはない際立った特徴である。もちろん精研式 SCT もロールシャッハ法も質問紙法も回答者に何らかの影響を与え得るが，その多くは疲労と「自分に向き合わされる」感覚ということに回収されるだろう。

　描画法は大きく分けて2つの方法に分けられる。1つは描き手の好きなものを描いてもらう自由画であり，もう1つは描くものや描く方法を指定する課題画である。投映法における空白は，自由画の場合は「何を描くか」そのものであって，渡される画用紙そのものが空白になる。ま

図11-2　風景構成法（模擬）

た，課題画（「実のなる木を描いてください」など）になると，描くテーマそのものは測定側が用意するが，実際にどのようなものをどう描くかは描く側に任され，そのことが投映法における空白として機能する。例えば描画法の一つである風景構成法では，描くものを10個順番に言われ，全体として一つの風景を描くことを求められる。その後にクレヨンか色鉛筆で色を塗る。10個も描くものを指定されたらさぞかし同じような絵ができあがるのではないかと感じられるかもしれないが，実際に描かれるのは人によって実にさまざまな風景である。そこに「その人らしさ」が顕れていないとはとても言えないであろう多彩な絵ができあがる。この技法での投映法としての「空白」は，個々に指定されたものをどのように描くかと，個々のもの同士の関連，そして空間全体がどのように構成されているかということである。これらのことから，その人の「人格」を読み取っていく。

（5）測れるものと測れないもの

　ここまで投映法の具体的な技法について論じてきたが，投映法全体として何が測れて何が測れないかについても触れておく。投映法はその多くは人格についての多様な，そして多量な情報をもたらしてくれる。文章完成にしても，図版を見ての言語化にしても，絵を描くことにしても，実に多様な手がかりを得ることができる。また，多様であるだけに，同じような結果をもたらす異なった個人というものは想定しがたい。そのために，個々の人格を知るための十分な情報が得られるといえる。

　その反面問題になるのは，どの方法もそれを施行するのに時間が長くかかること，そして，測られる人の負担が軽くないことである。質問紙法も負担がかかるが，その方向はおおむね「量の負担」と言えるものである。これに対して投映法の負担は「質の負担」と言えるものであり，あまり日常生活では起こらない種類の疲労が起こる。

　また，投映法にはそれをどのように読み取るかというところに大きな問題が横たわっている。人格の複雑さは，質問紙法であればそれを実施するときに，測られる人自身によって数値という形で単純化されて表現される。これに対して投映法は，単純化されて情報量が削ぎ落とされる度合いが少ない分，人格の複雑さとほぼ同等の複雑さが結果によってもたらされる。ということは，それを読み取るためには人格の複雑さが複雑なまま別の形に置き換えられ，別の種類の複雑なものを読み取らなければいけなくなるとも言えるだろう。投映法の場合は複雑さの度合いが技法によって下げられるわけではないのである。しかし，それが言語化なり描画表現なり，外から観察できる方法に置き換わるところに意味があると言える。そしてそれだけに，読み取る人の腕前がより試される技法になっているのである。

4. 人格はどのように読み取り得るのか

　ここまで具体的に質問紙法と投映法の説明をしてきたが，最後に人格の測定について統合した観点から論じておこう。

（1）質問紙法と投映法の組合せによる測定

　これまで論じてきたように，人格を測定する方法としては大きく分けて質問紙法と投映法があるが，この2つはそれぞれ異なる特徴を持っている。繰り返しになるが，人格について，質問紙法は集団の中でのその人の位置について知ることができ，また，本人が理解し得る，あるいは把握し得る範囲において，単純化した形で知ることができる。しかし，本人が把握できない範囲においては情報が得られないし，また，データが単純化されているために，読み取りやすいが抜けも多い測定となっている。これに対して投映法は，空白を埋めるという形で答えが得られるために，必ずしも本人が理解している範囲に限定されずに人格が表現される。また，情報量も非常に豊富であり，人格についての多面的な手がかりが得られる。一方で，施行時間が長くかかり，また，読み取りには読み取る人の習熟やセンスがどうしても影響してしまう。

　このように質問紙法と投映法の性質には一長一短あり，何をどう知りたいかによって用いる方法を選ぶ必要がある。また，質問紙法と投映法はその性質について補い合うという側面があるために，これらを組み合わせて用いるとそれらの弱点を補うことができる。心理臨床の場面のようにある程度その人格を総合的に知りたいと思う場面では，質問紙法と投映法を組み合わせて用いることも多い。これをテストバッテリーと呼ぶ。ただし，この場合にも，あまり欲張りすぎるとただでさえ長い施行時間がさらに延びることになってしまうために，たくさんバッテリーに

詰め込めばよいということでもない。テストバッテリーはコース料理の
ようなものであり，いくらおいしい料理でもメインディッシュが３枚も
４枚もあったり，オードブルがあとから出てくるようでは個々の料理の
良さが引き立たないし，また，一品だけで食べるときよりもおいしさが
減ってしまう。人間の胃の容量には限度があるように，人格の測定の情
報量やそれと引き換えに生じる回答者の疲労度合いには限度があるので
ある。

（２）測る人と測られる人

　上記の問題に加えて，人格の測定にはもう１つの大きな問題がある。
人格の測定の場面には，測られる人，測る道具のほかに，必ず測る人が
いるということがそれである。この測る人は，多くの場合，測定に先立
って「測りたいと思った人」でもあり，「結果から人格を読み取る人」
でもある。この測る人は，完全な無色透明な存在ではあり得ない。

　物理学では，物体の運動を記述するときに単純化のために摩擦を無視
できるものとしたり，粒子の大きさを無視できるとした理想気体という
モデルを用いることがある。これはそのような仮定をおいたときに記述
しようとした現象に影響が出ない範囲に限定して議論を行うことによっ
て有効な議論となっている。しかし，心理学において，測定者の存在は，
どのような仮定を持ち込んでも無視したり中立的なものとすることはで
きない。なぜなら，測定する人にも人格があるからである。これは人格
を測りたいと思うのが人である以上（研究者や臨床家という特殊な訓練
を積んだ人であっても，あるいはあればこそ），避けられない問題なの
である。避けられない問題である以上，せめてこの問題は認識をしてお
く必要がある。間違っても，その問題から目をそらし，測る人が無色透
明中立公正な存在であるかのように考えてはならない。

（3）測定という傲慢

　ここまで人格の測定について述べてきた。この章を通して読めばわかる通り，人格の測定という行為はそれ自体大きな問題を抱えている。これまでに蓄積された知見を基にしても，完全な測定はもとより存在しないし，個々の測定方法にもあちらを立てればこちらが立たずという原理的な問題が必然的に含まれている。また，ある特定の人格を持った人が別の人の人格を「測る」などとは，どれほど傲慢なことを言っているのかもわかるだろう。これらのことから総合して言えるのは，人格を測定してみたくなったときは，それは基本的には傲慢な行為であり，その傲慢さを超えて測定する意味があると考えたのでなければ簡単に手を出すべきではないこと，そして，もし完璧な人格測定を謳うものがあるとしたならばそれは警戒すべきものである，ということであろう。

参考文献

橋本忠行・佐々木玲仁・島田修（2015）．アセスメントの心理学――こころの理解と支援をつなぐ（心理学の世界 専門編13）．培風館.

村上宣寛・村上千恵子（2019）．［三訂］臨床心理アセスメントハンドブック．北大路書房.

沼　初枝（2020）．臨床心理アセスメントの基礎［第2版］．ナカニシヤ出版.

養老猛司（2020）．人間科学．筑摩書房.

学習課題

・本章で扱っているもののほかに我々が測定値を対象そのものだと思いこみがちになるものはないか，考えてみよう。
・直接質問されるのと空白を埋めるように求められるのとでは，出てくる答えの何が異なっているか考えてみよう。

12 | 人格の発達

佐々木玲仁

《**目標＆ポイント**》　人格はその性質としてある程度変化しないものが想定されているが，年齢を経るごとに人格が変化していくと考えるのもまた自然なことである。この人格の時間的変化について，さまざまな観点から論じていく。

《**キーワード**》　段階，時間的変化，アイデンティティ，愛着，自己意識，自我体験

1.「人格の発達」とは何か

　本章では，人格が時間の経過に従ってどのように発達していくかについて述べる。日常的な感覚として，人格が成長に伴って発達していくということは何も不自然なことはないが，改めて論理的に考えていくと，いくつかの困難点に突き当たる。このことを考えるところから始めよう。

（1）人格と発達

　上にも述べたように，「人格の発達」という言葉に日常的な感覚では違和感を覚える人は少ないのではないだろうか。ここには「未熟な人格が成長に伴って成熟していき，立派な大人になっていく」という含みがある。そして，「三つ子の魂百まで」と，幼少期の性質がいくつになってもそのままであることが驚きと多少の嘆きをもって語られることから

も，原則として人間は変わるという前提に立っているのが日常の感覚と言っていいのではないだろうか。

　しかしその一方，ここまでの議論では，人格というのは時間の変化によって変わらないという前提で話を進めてきている。定義を杓子定規に現象に当てはめたいわけではないのだが，我々はここまで人の性質の変わらない側面を「人格」と呼んできているはずである。こちらの方を前提に考えると，むしろ「三つ子の魂」のうち百までも変わらないところを人格と呼ぶ，ということになる。そして，百になるまでの紆余曲折の中で変化していった部分は，実は人格ではなかった，ということにもなるだろう。そして，ある性質がそのときどきで変化しない人格の中核部分であるように見えても，その先それが保存されていくかどうかは，本人も含めて，誰にもわからないことである。

　一方で，発達という概念は時間による変化を前提としている。特に乳幼児と呼ばれるころ，児童と呼ばれるころなど，出生してからその後の変化は目覚ましい。そして，法律的な区切りでは成人という時期を迎える。もっとも狭い意味，そして日常的な意味では，人は生まれてから時間の経過を経るごとにできることが増えていくという意味で「成長」していき，大人になっていく，と仮定されている。さらに実際は，発達していくに従って失っていく能力もあるし，いわゆる大人になってからも発達の過程が止まるわけではなく，生涯にわたってその変化は続いていく。ここでは，加齢とともに失われていくものだけではなく，それに伴ってまったく別の次元のものが得られていくという，生涯発達モデルも提唱されている。

　さて，この発達の中に，人格という要素を入れてみよう。既に一度述べたが，人の心の変化しないところを人格と呼ぶのなら，人格は発達しないことになる。あるいは，発達して変化したところは人格ではなかっ

たということになる。このように，厳密に双方の前提をともに適用しようとするとまったく話が進まなくなってしまう。そこで，ここからの議論では，人格の前提をいくぶん緩めて，いわゆる人がらにおいて「そのときどきで状況や時間によって左右されないように見える，比較的安定した側面」という程度に一貫性の程度を弱めておこう。そうすれば，一応「人格の発達」というテーマは扱うことができるようになる。

　以下，しばらくの間，人格はこの緩い前提で扱うものとして人格の発達について述べていく。

2.　発達する人格に関する概念

（1）アイデンティティ

　このアイデンティティという概念は日常的にもよく浸透し，ほとんど一般用語のようになっている。しかし，実際にどのような内容であるかを誰もが説明できるわけではないというのは，他の多くの一般用語化した専門用語と同様である。

　アイデンティティは同一性と訳される，人が自分について，自分が自分であるという感覚を持つ，その感覚のことである。これだけではわかりにくいので加えると，「自分は，確かにこのような人であって，そのことが自分で実感できる」ことになるだろうか。これはエリクソンによって20世紀半ばに提唱された概念である（Erikson, 1968）。

　この同一性は，さらにその構成要素を見ていくと，自分が自分であるという感覚には，「自分は一つのまとまりを持っている」という斉一性と，「自分はこれまでの自分とも，これからの自分とも同じ自分である」という連続性の2つの側面がある。そして後者は自分自身過去から同じように続いているという一貫性と，今後もそうであろうという見通しを持ったときに感じるものである。

　また，アイデンティティは，自分自身がそう考えるだけでは成り立たず，他の人から見ても社会の側から見ても同様の内容が承認されるときに成立していると言える。本人の側から見れば，自分自身が感じている斉一性と連続性が他者からも承認されていると感じているときに，定義上，アイデンティティは成立していると言えることになる。

　このアイデンティティは，エリクソンのいう，人生における個体発達文化の8つの段階，乳児期から始まり老年期に至るまでの8段階のうちの5番目の段階である，青年期・思春期の発達の主題として提唱された。ここでは前提として，人間は時間の経過とともに段階として区切れるそれぞれ異なった性質の時期がありそれが8つに分けられるという考えがとられている。この前提の上で各段階を見てみると，それぞれの段階にはそれぞれ固有の，乗り越えるべき課題があるというのがエリクソンの考え方である。この課題は心理社会的危機と呼ばれている。ある段階をクリアするためにその心理社会的危機を乗り越えた状態を達成と呼んでいる。

　上述のように，この8つの段階の5番目に当たる思春期・青年期の課題が，アイデンティティの達成である。このモデルの中でとりわけこのアイデンティティという概念が突出して著名になっているが，人格の発達という観点から見れば，むしろその前提の，人生が8つの段階に分けられてそれぞれが異なった課題があるという大きな枠組みの方が重要である。さて，それぞれの段階の課題を越えて次の段階に入ったときに，変化するものと変化しないものがあるだろう。この段階の境目を越えたときに変化したものは，果たして人格の中に含めてよいのだろうか。あるいは，このような発達段階を越えても変化しないものだけが人格と呼び得るのだろうか。

　もう1つの観点は，先に挙げたアイデンティティという概念そのもの

である。アイデンティティ，同一性は，それ自体が「自分が自分自身で
あると感じる」感覚である。この意味で，この段階で初めて自分という
ものが成立したと捉えることもできるだろう。このように，狭い意味で
人格を捉えるならば，このアイデンティティが確立したところで初めて
人格も成立するとも考えられる。しかし，それ以前に人格といえる一貫
した自分がいないかといえば，それもまた実感から外れるであろう。少
なくともアイデンティティが確立せず，拡散状態にあるときにも，その
状態に悩んでいる自分自身はいるはずであり，その自分は出生からの一
貫性をまったく持っていないとは考えにくい。また，アイデンティティ
が確立する前と確立した後では別の人格になるということも考えにく
い。

　以上のように考えていくと，アイデンティティという概念の前提であ
る，人間が複数個の段階を経て変化していくという考え方自体が，人格
という概念とうまく適合しないということがわかるだろう。

（2）愛着と内的ワーキングモデル

　次に採り上げるのは愛着についてである。愛着（attachment）とは，
この概念を提唱したボウルビィによれば，「危機的状況に際して，個体
が特定の他個体への近接を通して，主観的な安全の感覚を回復・維持し
ようとする傾向」である（Bowlby, 1969）。つまり，何か身の危険を感
じたり，不安を感じたりするときに，ある決まった他の人（あるいは物）
に近づいたり触れたりすることで安心しようとする心の働きのことを愛
着と呼ぶのである。これは発達心理学において重要な概念であるが，人
格を考える上でも２つの点で重要であると言える。

　１つは，人格の形成に関わる問題である。人格が「形成される」とい
うことは，その前提として，人格はもともとそのままあったわけではな

い，生得性だけでは説明できないということを受け入れているというこ
とになる。人格は，持って生まれたものだけでは説明がつかない。愛着
を覚える対象，つまり何か困ったことがあったり不快なことがあったり
したときにそれに近寄っていくと安心を覚えるという相手（これは人間
とは限らない）との間で，言葉を含む発声や身体の動きなどを通してや
りとりすること（相互作用）によって，周囲のものごとや自分自身につ
いての心象モデル，つまり自分自身がどのような人であるのかについて
知っていく。そして，特定の対象との関係のとり方はもちろん，それ以
外の人との関係のとり方にも大きな影響を与える。このことが，生後の
経験に影響されて形成されていく人格に大きな影響を与えるのである。

　愛着についてのもう１つの重要な点は，乳幼児期における愛着が，そ
の後青年期や成人期に影響を与えるとする研究があるということであ
る。このことを論じているのが内的作業モデルと言われる概念である
(Bowlby, 1969, 1973, 1982)。これを用いることで，乳幼児期の愛着のあ
り方と，青年期，成人期の愛着のあり方には関連性があるということが
論じられるようになった。このように乳幼児期の愛着のあり方と，青年
期・成人期のそれがもし一致するなら，それは時間をまたいでの一貫性
ということになり，ここに一貫したその人らしさ，つまり人格が想定で
きる。

　具体的にそれが一貫しているかどうかを確かめるためには，乳幼児期
の愛着のあり方と，青年期・成人期の愛着のあり方の両方を測定して，
それを比較する必要がある。これについて乳幼児期の測定の方法として
は，ストレンジ・シチュエーション法がある（Ainsworth et al., 1978）。
乳幼児の行動を観察するこの方法により愛着のスタイルは，「安定型」
「アンビバレント型」「回避型」に分類される。一方，青年期・成人期の
愛着スタイルは，成人愛着面接などを用いて測定される。本人へのイン

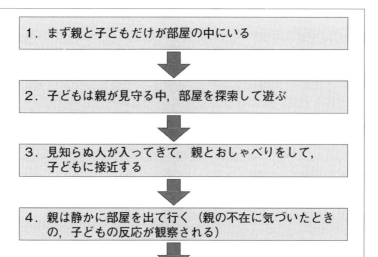

図12-1　ストレンジ・シチュエーションの手続き

タビューを用いるこの方法でも，成人の愛着スタイルが「安定型」「ア
ンビバレント型」「回避型」に分類される。これらの2つの方法を同一
人物に用いれば，その2つの時期の一貫性を数量的に評価することがで
きる。実際の研究の結果を挙げると，例えばウオータースらの研究
（Waters, et al., 2000）では，これらの一致率は6割ほどである。6割と
いうのは十分に関連があるということは言えるが，それがすべての例に
当てはまるというものでもない（もっとも，心理学の研究で一致率が10
割に近いものなどほとんどない）。これを人格という観点から考えると，
愛着のスタイルは乳幼児期と青年期・成人期に一貫した，変化しない性
質だということに該当する人もいるかもしれない，ということは言える

だろう。

　次にここで注目したいのは，仮に一貫した人格があるとして，それを研究として実証することの難しさである。上記の方法にしても，乳幼児期から青年期・成人期になるまで同一人物を補足するには大変な時間と労力が必要である。また，乳幼児期の行動と青年期・成人期のインタビューというそれぞれ異なる方法で得られた分類が，例えば「回避型」と同じ名前がつけられていたとしても，等質のものを表していることを証明するのは困難である。このように，少なくとも研究というレベルでは，研究者が被験者について論理的に人格を捉えることがそもそも難しいということがわかるだろう。

3.　自分自身にとっての人格の発達

　これまで何度か述べてきた通り，人格という概念と発達という概念は，時間経過による変化という観点から見れば食い合わせの悪い組合せである。にもかかわらず，我々は「人格の発達」という言葉にそれほどの違和感を覚えない。これはおそらく，それぞれの人が自分自身の実感として「自分自身に人格がある」という実感と，「自分は変化している（発達している）」という実感の両方を持っているからではないだろうか。このような観点から，この節では「その人自身が自分の人格をどう捉えているか」ということについて発達という概念に関連させながら考えていこう。

　ここで取り扱うのは，自己意識，自我体験の２つの概念である。

（1）自己意識

　我々は自分自身を「いる」と思っている。その自分自身について意識を向けることができる。自分自身を意識できるのである。これは，日常

的には当たり前のことだが，動物種の一つとして人間を見た場合，人間の性質として特筆すべきことである（ただし，人間だけに自己意識があるわけではない）。我々は自分自身を意識できる，つまり自分自身を対象として考えられることで，自身と他者を同じ平面上に置いて俯瞰して考えることができる。また，他者の身になって考えようとすることができる。また，他者が自分について何かしらを考えているということを想像することができる。

　このように，自分自身を自分で意識している，その意識のことを自己意識と呼ぶ。この意識があることで，他人も意識を持っていることが推測することができる。自分がある行動をとるときの自分自身の状態を意識することができれば，同様の行動をとったときの他人の状態を推測することができるだろう。例えば，自分自身が何かを指さしたときは自分は指のつけ根から指先の延長線上にあるものに関心があるときだ，という経験によって，他人が何かを指さしたときに，他人はその指のさしている先にあるものに関心を持っているのだと推測することができ，その結果，その指がさしているものを見ることができる。そして，その他人と同じものを見るという体験をすることができる。もし猫の前で何かを指さして見せると，その猫がこちらの行動に注意を向けたとしても，指の先にあるものではなく，指そのものを見る。他人と同じものに注意を払って視線を向けることを共同注視と呼ぶ。猫とは共同注視が成立しないが，人間同士であれば成立するのは，人間が自己意識を持っているからである。

　もし，人格をもともと持っているものではなくある時点で形成されるものだと考えるならば，この自己意識は人格の成立に大きく関わっているといえるだろう。なぜなら，自分自身がないところには人格も成立しないからである。

　では，この自己意識が成立していることはどのように確かめたらよいだろうか。一つの方法は，自己鏡映像認知つまり，鏡に映った自分を自分だと認知できるかどうかを確かめるというものがある。鏡に映った自分の像は，視覚的には他の人がそこにいるのと同様，人の姿があるというものと変わりない。しかし，自分自身の動作する体感とそこに見える人の像の動きが照合されることで，それが自分自身の像であることがわかってくる。そして，それが自分自身の像だとわかることで，そこに見えている人の姿が自分である，あるいは自分が人の姿をしているということがわかってくる。さらに踏み込んでいえば，自分が一つの「かたまり」であることがわかってくるともいえる。少なくとも自分自身として人格が成立するためには，この「自分自身が一つのかたまりである」と思っていることが必要だろう。自己鏡映像認知の研究によれば，生後6か月ほどで鏡，つまり鏡に映った像に関心を示し始めるという。2歳を過ぎるころには，鏡に映っている自分を自分だと認識していくことになるのである。この意味で自分というものが成立するのは，以上のことから早くとも2歳前後であるということが推測される。

（2）自我体験

　ここまで述べてきたこととはまた違った意味で「自分」を認識するのが自我体験である。自我体験とは，文字通り，自分自身を体験することである。高石によれば，「私とは何か」「なぜ，私は私なのか」といった問いを考えていくうちにふと出会う，「では，こうして私について考えている〈私〉とは誰なのか」と気づく瞬間の体験のことである。この瞬間，「自分と自分を取り巻く世界の見え方が，コペルニクス的に反転する」（高石，2020）。それまで当たり前だと思っていた世界の見え方がその瞬間突然変わり，これまでしたことのない見方で世界を見始める。こ

れはよい体験としても，苦しい体験としてもその本人にとって記憶され，あるいは人生の途中で忘れ去られる。

　この自我体験という概念は幅広い分野で研究されており，また，定義もさまざまになされているが，一般に思われているように児童期や思春期に一度だけ生じるのではなく，幼児期から老年期に至るまで人生を通じて複数回生じるものだということが研究によって明らかになっている。人は人生の中で，何度か自分に出会い直すのである。

　ここで，人格という観点からこの自我体験を考えてみよう。この「反転」がもたらすインパクトの大きさを考えると，その前後でその人自身に何らかの変化が起きるということが想定できる。この変化は，「人格が変わった」ということがいえるのだろうか。それとも，この瞬間の前後でも変化しないものだけが人格といっていいのだろうか。また，自我体験が人生に複数回起こるのだとするならば，その都度変化していくものを人格と呼び得るのだろうか。あるいは，そのような変化を越えて保存されるものが人格なのだろうか。

　また，発達という観点から見れば，この複数回生じる，反転によるインパクトが発達の契機となるということは十分考えられるだろう。仮に"人格"の段階的変化があるのであれば，その契機となる出来事が自我体験であるという仮説を立てることは可能だろう。

　このように，時間的に変化しないはずの人格と，時間的な変化を前提とする発達は，自我体験を仲立ちとすると両立することが論理的には可能になる。基本的には人格は変化しないが，自我体験のような大きなインパクトがある体験を経ることで，その変わるはずのないものが変わっていく。それを繰り返すことで，後から振り返れば発達という変化の段階が生じているのだという説明が，仮説としては成り立つのである。

4. 人格と発達の両立

　ここまで，さまざまな観点から人格と発達の関係について論じてきた。概念としては，アイデンティティ，愛着，自己意識，自我体験という4つの内容を扱った。これらの概念は，ほぼ発達心理学と臨床心理学からの借り物であり，それを人格心理学に適用することで人格というものを発達の観点から捉え直してきた。

　ここからわかることは，人格という概念のそもそもの定義である一貫性がどれだけ成り立ちにくいかということである。その人らしさであるとか，これがなくてはその人ではあり得ないものは本当にあるのか，論理的に主張するのは非常に困難であるということがいえる。

　これを解釈するのに一つの方法として，一つ例え話を持ち出すことにしよう。

　地球という星は，この星からある程度遠ざかってみると確かに丸く見える。これは自分の目で確かめた人は少ないだろうが，映像や写真で多くの人が知っていることである。一方で，日常生活の中では，この星は（日常生活で「この星は」と考えることは多くないが）平らであると考えても差し支えないし，例えば5万分の1や2万5千分の1の縮尺で描かれた地形図を見てみれば，それがこの星が平面であることを前提に描かれていることがわかる。自分が見えている範囲においては，地面は平らであると考えても，それが実際には巨大な球の一部であると考えるのと実際的には変わることがない。星から離れる視点と，星の上にいる視点と，その間をつなぐものがあるとすれば，航空機に乗って時差が生じるレベルでの移動を行うときに得られる体感くらいだろうか。

　この例え話で球と平面が両立するような形であれば，時間によって変化するものと変化しないものは両立するだろう。つまり，今の自分自身

がいる時間から眺めると，目の届く範囲では人格は変わらないように見える。しかし，地球を球として見る宇宙船のように離れた位置から見れば，人格は実は変化している。このように考えれば，変化と一貫性が両立することだろう。

　問題は，変化しないものの方から変化するものへの接続を考えるときである。目に見える範囲で変化しないものを持って，「変化しない人格がある」と主張することは，「今見えている地面が平面であるから，この世界は平面でできている」と主張するようなものではないだろうか。さらにまた，地球は物理的物体として存在するが，人生は物理的物体としては存在しない。そして，本人にとっては人生は『自分の立っている場所から』しか眺められないものである。それ以上の視点は，宇宙船のように離れないと眺めることができない。宇宙船のように離れた人が自分の人生に何かを言うとしたら，その言っていることは，本人にとって何か影響を与え得るだろうか。

引用・参考文献

Ainsworth, M. D. S., Blehar, M. C., Waters, E., & Wall, S. (1978). Patterns of Attachment, Lawrence Erlbaum Assoc., Hillsdale, New Jersey, 45-64.

Bowlby, J. (1969). *Attachment and loss, Vol.1: Attachment.* New York: Basic Books.

Bowlby, J. (1973). *Attachment and loss, Vol.2: Separation: anxiety and anger.* New York: Basic Books.

Bowlby, J. (1982). *Attachment and Loss, Vol.3: Loss Sadness and Depression.* New York: Basic Books.

Erikson, E. K. (1968). *Identity, youth and crisis.* New York: W. W. Norton Company. 中島由恵（訳）(2017). アイデンティティ——青年と危機. 新曜社.

高石恭子（2020）．自我体験とは何か——私が〈私〉に出会うということ．創元社．

Waters, E., Merrick, M., Treboux, D., Crowell, J., & Albersheim, L. (2000). Attachment Security in Infancy and Early Adulthood: A Twenty-Year Longitudinal Study. *Child Development.* **71** (3): 684-689.

学習課題

・この章を学んでみた上で，あらためてあなたは人格を「ある」と感じるだろうか。もし感じるとしたら，それはなぜだろうか。
・第3節（1）に「自分自身がないところには人格も成立しない」（175頁22行目）と書いてあるが，これは本当だろうか。もし自分自身がないところに人格が成立するならば，それはどのようなものであるだろうか。

13 | 人格と環境
—文化と状況

佐々木玲仁

《**目標＆ポイント**》 我々は人格を論じるとき，それを周囲の環境や状況から切り離された，独立したものと想定して扱うことが多い。しかし実際には人格は環境や状況から大きく影響を受けるものでもある。この影響を踏まえつつどのように人格を論じるべきかについて述べていく。

《**キーワード**》 環境，文化，状況，一貫性

1. 人格は独立して存在し得るか

　改めて振り返るに，本書では第9章以降は人格の記述や測定，発達について論じてきた。そして，人格の記述については類型論や特性論という記述方法について詳述し，また測定についてはどのような方法でこれらを測る，すなわち可視化を行うことができるかということについて詳しく説明を行ってきた。また，発達については，生まれてから成長を遂げその生涯にわたり変化していくその様相について論じている。ここまで，人格についての心理学的な理解が深まってきたことだろう。しかし，これらの問題を考えるためには，その手前で一度考えておかなければならない前提がある。それは，ある人の人格について，その外的な状況を考慮に入れずに語ることは果たしてできるのだろうか，ということである。これは言い換えれば，どのような場面でもどのような状況でも一貫している人格というものは想定し得るのか，という問題とも言える。

　素朴な日常感覚から言えば，人格というまとまりが存在しないとは言

い難いだろう。自分自身にも，周囲の他者にも，この人はこういう人だというまとまりを感じることの方が多いであろう。また，ある人が，あるいは自分自身がある意外な行動をする，ということがあるとするならば，それはその人がそのようにはしそうにないという考えがあるからであり，やはりそこには何らかのその人の一貫性が想定されている。

その一方で，一人の人間が場面や相手によってまったく別の人のように振る舞ったり，あるいは状況に応じて行動が変化していったりということも日常的にはよく観察されることである。このことを，もし「本当の自分」あるいは「本当のその人」というものがあるのだと想定した上で考えるならば，相手や場面によってころころと態度を変える，不誠実さを読み取ることもできるかもしれない。また，「こういう人だと思っていたのに裏切られた」「そんな人だとは知らなかった」という言い方も，本当の，本質的なその人がいて，それを自分は知っていると思っていたのにそのことからするととても信じられないような振る舞いをする，ということを言っていることになる。しかし，その，「本当の自分」「本当のその人」が存在するということは本当に無前提に仮定してもよいことなのだろうか。

劇作家，演出家の平田オリザは，「人間とは演じる生きものである」とその演劇論の中で述べている。ここで言っているのは，それぞれの場面で異なる態度や振る舞いをする方が自然で，人間はいつも必ず何かを演じているのであり，いわゆる「素の」，場面に影響されていない本当の自分というのは存在しない，ということである。

この考え方はいささか極端に見えるかもしれない。しかし，このような議論は実は心理学の中でなされているところであり，まだ決着がついていない問題の一つである。このような，状況に関わらない人格というものは存在しないのではないかという論を状況論といい，その状況論と，

人格研究との間で起こった論争を「人間－状況論争」と呼ぶ。

　もう一つ，人格に影響を与える外部状況として，文化の影響を挙げておく。ある一人の人が，自分のもともと所属していた文化から別の文化へ移動したときを考えよう。最もわかりやすいのは国をまたいでの移動だろう。そのようなときに，ある文化の中ではまったく目立たない，その文化の中では普通とされる性質であったことが，別の文化に移動したときに，非常に珍しい性質になってしまうということがある。ステレオタイプ的に言われるのは，日本の文化の中で育った人が，アメリカに移ったときに「極端に自分の主張をしない人」というふうに特徴づけられるというような状況である。この人自身はそれまでしてきたのと同じように振る舞っているのだが，そのような振る舞いをしない集団に入ったときに，「主張をしない」ということがその人の特徴として周囲から認知される（「日本人だから」という原因帰属がなされることも多いだろうが，ここでは仮に個人の人格へと帰属されたときのことを論じる）。このとき，この「主張をしない」という性質は，この人の人格と呼んでよいのだろうか，それともそう呼ぶべきでないのだろうか。

　このように，人格というものは決して前提なく「ある」というふうに考えてよいものでない。もし人格が「ない」という結論になってしまうと，本書後半でここまで述べてきたことが水泡に帰してしまうのだが，だからといってこの明らかに存在する問題を見ないふりをするわけにもいかないだろう。そこで，次の第2節と第3節で，状況，文化の観点から人格という概念を考えていくこととしよう。

2.　人格が影響される環境１──状況論について

　これまで述べてきたように，「人には一貫した性格がある」ということと，「人は異なる状況には異なる振る舞い方をする」または「ある強

い状況におかれると，人は似たような振る舞いをする」ということは，どちらも我々の素朴な実感からはかけ離れてはいない。しかし，この２つの観点はお互いに矛盾している。一貫した性格があるならば，どんな状況でも変わらずに一貫していることだろうし，もし状況によって動かされるならばそれは一貫しているとは言えないだろう。では，この２つをどのように扱ったら，この矛盾しつつどちらも実感に沿っているという状況が解決できるだろうか。

　このことについて考えていこう。

（1）一貫性とは何か
　「人には一貫した性格がある」というときには，２つの異なった意味があり得る。

　まず１つ目として挙げられるのは，状況的な一貫性である。これは言い換えると，同じ人でも状況が異なると異なる振る舞いをするということである。物理的に同じ場にいたとしても，その場に他のどのような人がいるか，また，その人とはどのような関係にあるかによって，人の振る舞いは変化する。

　例えば学校という場をとって考えてみよう。教室という同じ空間にいても，まず，当然のことながら集団でいるときと少人数でいるときとでは行動が異なる。人数で言うならば，１対１でいるときと３人以上でいるときとでもまた異なるだろう。そして，同じ１対１でも，いや，１対１であるからこそ，その１人の相手が誰であるかによって，口に出す言葉も態度も異なることだろう。

　今，自分がその場で生徒であるということを仮定してみてほしい。相手が教師であるときと，生徒であるときによってもちろん態度は違ってくるだろう。それどころか，相手が同じく教師であっても，ある教師と

別の教師に対しては態度がまったく異なるということも珍しくはないだろう。相性の合う教師とそうでない教師がいることはまったく不自然ではない。それは教師の側としても同じことである。また，まんべんなく相性が合わないということも珍しくない。

　これは，教師と生徒のような明確な二分法が見えにくい，職場の同僚関係であっても同じことである。あるいは，利害関係のない習い事，友人関係，親戚関係，親子兄弟などの家族関係，などの他の人間関係であったとしてもまた同様であろう。我々は相手によって態度を変える。「相手によって態度を変える」という言い方は，人を評価するものとしては否定的な意味合いを帯びている。このようなことを考えたときに，人格の一貫性をどのように考えたらよいのかは単純な話ではない。

　次に，一貫性についての二番目の議論に移ろう。これは，時間的な一貫性と言うべきものである。同じ一人の人物が時間がたった後でも同じ人格であるという一貫性が想定できるのか，という問題である。このことはさらに，長期的な時間と短期的な時間とに分けて考えられる。

　長期的な時間とは，子どもが若者になり，大人になり，年をとって高齢者になっていくというスパンでの時間である。人生のスパンといってもよいし，第12章で論じた発達の問題と言ってもよい。既に見てきたように，子どものころにこうであったことが大人になっては変化するということは，発達心理学としても，日常の生活実感としても特に意外なことではないだろう。子どものころに多くの人に見られる，例えば無邪気さ，あるいは攻撃性というものが，大人になっても同じように持続していたなら，それは多くの人に見られるものとは見なされず，その人の特徴として語られることになるだろう。「大人げない」という言い方があるように，子どもの性質をそのまま持って大人になった人がいるならば，その性質は子どものときとは同じようには扱われないだろう。このよう

に，人格がその人の一貫した人がらであるとするならば，長期的な時間のスパンでは，少なくとも一貫しているということが当然だとは見なされていないということが言えるだろう。

　次に短期的なスパンについて考えてみよう。ここで短期的というのは，上記のような発達的な変化をひとまず考慮に入れなくてもよいと思われる期間のことである。子どもが大人になるとか，壮年の人が高齢者と呼ばれるようになるような変化を想定しなくてもよい期間であり，また発達的に同じカテゴリーにいる期間と言ってもよいかもしれない。

　このような短い期間をとってみたときに人格が一貫していることが想定できるだろうか。異なる場所，異なる人間関係の中で，異なる状況であったら振る舞いが異なることがあっても自然だというのは既に述べた通りである。では，同じ場所で同じ人間関係で同じような状況のとき，人は同じように振る舞うのだろうか。あるいはそもそも，同じように振る舞ったとして，その人は同じことを考えているのだろうか。また，同じように考えていているからといって同じように行動すると決めていいのだろうか。今述べていることは，行動を問題にしているので，実際に論じられているのは「どんな人格なのか」というよりは「どんな人格に（外から）見えるのか」ということであろう。では，これが自分自身のことであったらどう考えられるだろうか。大変に使い古された言い方で「自分のことは自分が一番よく知っている」という言葉があるが，それは本当だろうか。なぜ自分がそういうことをしたのか，よくわからない，ということはないだろうか。その中には，同じような状況にあるはずなのに，前とはまったく異なる振る舞いをしてしまった，ということはないだろうか。

　このように考えていくと，本当に問題となるのは，人格が一貫しているかどうかということ，誰がそれを「同じ」や「異なる」と判定し得る

のかという問題であることがわかる。もしそうであれば，人格の一貫を
めぐる本当の問題は，「どうして我々は人格というものをあるときは一
貫しているというふうに感じ，またあるときはそれが一貫していないも
のであるというふうに感じるのか」ということになる。

　このように，一貫した人格というものはあるのかないのかという議論
を行うと，より問題が深まってしまい，そもそも人格が一貫していると
いうのはどういうことなのかという，より困難な問題にたどりついてし
まう。繰り返しになるが，一貫した人格があるかないかということを，
一体誰が判定できるのだろうか。

（2）一貫し，かつ一貫していないということをどのように成り立たせ
　　るか

　一貫した人格があるかないかという話は決着がつかないのなら，次に
考えるべきことは，その決着のつかないものをどう整合させていくかと
いう問題であろう。我々は，人格は一貫しているとも感じるし，一貫し
ていないとも感じる。これを同時に成り立たせることはできないだろう
か。

　日常的なレベルで考えればこれは矛盾で，同時に成り立つはずがない。
しかし，考え方によっては成り立たせることができる。この「一貫して
いる」と「一貫していない」を，意味的に別の層に振り分けるのである。
「意味的に別の層に振り分ける」というのがどういうことかを，もう少
し説明していこう。

　例えば，ある人が，同じような状況なのに時によってとる態度が異な
るとしよう。あるときはとても機嫌よく人を迎え入れとても愛想がよく
振る舞うのだが，同じような状況の別の場面ではまったく取りつく島も
なく冷たく人をあしらうということがあるとしよう。その人は，場面場

面で態度が変わるため，単純に言えば一貫性がない，というふうに見ることができるだろう。しかし，この人が，いつもそのように態度が一貫しないということがあったとしたら，それはどう考えたらよいだろうか。つまりこの人は，「一貫しないということが一貫している」ということになるのではないだろうか。1回1回は態度が異なるが，ときどきで態度が異なるということは一定している。このようなことを考えると，一貫しつつ一貫していないということを同時に成り立たせることができる。

　これは1つの例であるが，このように，一貫しているか否かということは，その一貫性を判定しようとする人，それは本人の内省でも他の人の行動観察でも成り立つのだが，その人がどのレベルに焦点を当てて考えるかによるということが言える。

　もう1つ言えることは，完全に一貫性がないということも，完全に一貫しているということも考えにくいということである。完全に一貫性がない，無秩序だということは理論上は可能かもしれないが，上記の層を分ける考え方の観点に立っても，一貫性がまったくないということは，そもそも想定しにくい。毎回行動がばらばらであれば「毎回」行動がばらばらだという一貫性が生じ，また，行動はばらばらだがときどき一貫しているということであれば行動はばらばらだが「ときどき一貫」という意味で一貫性がある。また，その人の言動にまったく一貫性がないように見えることでも，注意深く長期間その人の言動を追っていくと，何らかの意味での法則性や秩序が見えてくるというのは，臨床心理学の知見の教えるところである。

　次に，完全に一貫しているということを考えてみよう。これもまた想定しにくいことである。完全に一貫しているというのは，例えば場面によってまったく態度を変えないということになるが，このように振る舞

うと，少なくとも我々の社会では，問題が生じることが多いだろう。相手が誰であっても，同じように振る舞うというのは，関係性に影響されないということであり，少なくとも自分にとって重要な人とそうでない人でまったく態度が変わらないということは，これもまた理論上はあり得るかもしれないが，その人に関心を持って見守っている人にとってはなかなか起きないことなのではないだろうか。

　ここまで見てきたように，人格の一貫性はどのような基準をとってもどのような人を想定することにしたとしても，「ある程度一貫していてある程度は一貫していない」以上のことは言いにくい。では，そのようなものを対象としていると考えたとき，人格心理学はどのようなことを主張し得るのだろうか。

　そのことを論じる前に，人格に影響を与えるもう1つの外部要因として，文化的背景を採り上げて考えていくこととしよう。

3.　人格が影響される環境2 ──文化的背景

　もし第11章で紹介した心理測定法を，異なる文化を持つ別々の国で実施したとしよう。異なる文化を持つ国ということは，言語も異なることもあり得るが，ここでは言語は共有している，または，実際には難しいのだが，完全な翻訳が行われた，として同等の検査が異なる文化の中で行われたと仮定しよう。このようなときに，それぞれ別の文化の中でまったく同じ結果を出した人がいたという，これもまた実際には起こりにくい仮定を加える。この節の問題は，この同じ結果を出した人は大体同じ人格であると言っていいかどうかということである。

　人格の話に限らず，文化比較をしようとしたときに非常によく使われるのは，「欧米ではこうだが，日本ではこうだ」という言い回しである。その後に続くのは，「だから日本はだめだ」というものであったり，「だ

から日本は素晴らしい」ということであったりはするものの，そこで言われているのは，日本における人格やその他の事象の特徴を語るのに「欧米」を引き合いに出すということである。このことは非常によく書かれるために，この言い方自体に違和感を持つ人はあまり多くないのではないだろうか。心理学の中でも，個人の心理に与える文化の影響の大きさを論じたものは数多い。

　しかし，この比較方法をゆっくり考えてみると，いろいろな問題があることがわかる。一般に，「AとBは違っている」というとき，Aに属するものの中での違いはそれほど大きくないことが前提になる。少なくとも，Aに属するものの中で一番遠いもの同士の違いは，AとBの違いよりも小さい必要がある。Bの中の違いもまた同じである。話が抽象的すぎてわかりにくいかもしれないので，文化比較の話に戻ろう。

　欧米と日本を比べるためには，欧米が1つの塊である必要があり，また日本が1つの塊である必要がある。しかし，文字を見ればわかるように，欧米は欧と米でできている。ヨーロッパとアメリカを表す2文字だが，ヨーロッパとアメリカはそんなに同じだろうか。言うまでもなく，この2地域にはかけ離れたところがたくさんある。言語も同じ言語名を使っている地域はあるものの，お互いに相手の言葉が自分の言葉と違うということが即座にわかる程度にはかけ離れている。それどころか，欧の1文字の中にどれほどかけ離れたものが入っているだろうか。先ほど同じ言語という話をしたが，欧の1文字の中にどれほどの数の言語が入っているだろうか。言語の数を1つ2つと数えることは難しい。どこまでが同じ言語の中の方言で，どこからが異なる言語なのかの区別をはっきりつける客観的な方法はないからである。しかし，明らかに欧の1文字の中に入っている言語は1つではない。明らかに異なると言える言語を数えるだけで数十に上る。そしてもちろん，「国」と呼ばれるある地

域を統合しているとされる単位もまた数十に上る。では同じ言語を話している人たちは似た人格だということが言えるだろうか。あるいは，同じ国に属している人は，似た人格の人だということができるだろうか。同じ国に属する中にもそれぞれずいぶんと異なった地域性があり，同じ地域の中にもずいぶんと異なる人がらがあるだろう。地域性については，例えば村上春樹がギリシャ，イタリア，イギリスに住んだときのことを書いたエッセイの中に，ある村を訪れたときにそこに住んでいる人が，隣の村に住んでいる人はみな変わっていると馬鹿にするエピソードがある。あまりにも違いすぎて見ただけでわかるというのである。そして，1つの村や町の中にも，さまざまな変わった人と呼ばれる人がいるだろう。変わった人ではないとするなら普通の人なのだろうが，その人を普通だといえるのはどんな人だろうか。周囲の人だろうか，本人だろうか。同じく村上春樹の小説の中に，こんな会話がある。

　「ねえ，ワタナベ君のことをもっとよく知りたいわ」と彼女は言った。
　「普通に人間だよ。普通の家に生まれて，普通に育って，普通の顔をして，普通の成績で，普通のことを考えている」と僕は言った。
　「ねえ，自分のこと普通の人間だという人間を信用しちゃいけないと書いていたのはあなたの大好きなスコット・フィッツジェラルドじゃなかったかしら？　あの本，私あなたに借りて読んだのよ」

　話をまた元に戻そう。このようなことを考えたときに，欧の1文字は1つの塊と考えられるだろうか。変わった人や普通の人が集まっている村や町が集まって地域ができ，地域が集まって国ができ，国がたくさん集まって，その集まったものを表すのが「欧」である。さらにこれに，「米」がついてくる。「米」1つを1段階割ってみると，50の州になる。

この50の州は大きさも人口密度もそれぞれ非常に異なっていて，西から東まで，北から南まで極めて広い範囲に散らばっている。この中で，例えば西の人は西の人らしく，東の人は東の人らしいという典型的な人物像はあるだろうが，その中に普通の人も変わった人も，まじめな人もふざけた人も，開放的な人も閉じこもりがちな人もいるだろうという事情は欧と同じである。この2つの文字が接着されてできているのが欧米という一語である。

　話はまだ続く。ではその欧米と比較する日本の方はどうだろうか。日本の中で距離の遠い2か所以上の場所に住んだことのある人は肌で感じたことがあるだろうが，何かと比較できるほど日本もまた一色ではない。欧米との比較を語るのは日本人論だが，「日本人論なんかのなかには，その人が育ったところが日本だと思っているようなところがあって，『ぼくも日本にいるけれども，そうばかりは言えないよ』ということが，それぞれいっぱいあるのではないでしょうか」と書いているのは中井久夫である。こちらも「米」に比べたらその幅ではずっと小さいものの，東と西ではずいぶん異なるし，県境をまたげば言葉も文化も違ってくる。それどころか，1つの県の中でもかなりの違いがある地域があると認識されている県の方が多いであろう。こちらの方は，日本語で書かれた本書を読んでいる読者に実感されやすいだろう。県でも地方でも，どこそこの人はこうだから，という言い方をしたことのない人の方が珍しいくらいではないだろうか。それでは，日本は，あるいは日本人は，という言い方は一体どの地域のどの県のどの町の人を基準にすればいいのだろうか。

　話が非常に迂遠になったが，ここまで考えて初めて文化差のことを言うことができるのである。ここで，もう一度上に書いた「欧米に比べて日本は」という言い方を振り返ってみよう。先ほど同じ言葉を読んだと

きと同じような感じ方をするだろうか。欧米と比べて日本は何がどうだと言えるだろうか。

　ではさらに振り返って，文化差とは何だろうか。

　文化の問題が人格に影響を与えているということはほぼ確実である。しかし，この文化差は，例えば欧米と日本というような大ざっぱな区切りでは十分に表せないものであるだろう。繰り返しになるが，一言で日本といってもその中にはさまざまな文化がある。その文化は果てしなく細分化できて，ほぼ個人のサイズに近いところまで細分化できる。こう考えると，人と人とに何かしらの差があったときに，それが文化差であるか個人差であるかの特定は実際上極めて困難である。しかし，明らかにこの問題は個人差だけでは語れるほどには個人の中に閉じた問題ではないということは言えるだろう。人はミニマルサイズの文化の影響を受けているが，どの部分が個人由来でどの部分が文化由来であるかの特定は事実上不可能である。

4. 外部要因の影響を受けない人格

　第2節と第3節ではともに人格の独立性，つまり外部の影響を受けないその人固有の人格というものは果たして存在するのかということについて，考えを進めてきた。第2節では時間的・状況的な一貫性について論じ，第3節では文化的背景との分離不可能性について論じた。これらの，さまざまな細部にわたる議論からは，どうやら周囲の影響を受けない人格があるというのは，簡単に言い切ることは難しそうである。このように，「周囲の影響を受けない独立・一貫した人格」が存在するということが必ずしも言えないならば，人格心理学ということを論じる意味があるのだろうか。

　周囲の影響を受けない人格というのは，例えば高校の物理の時間に出

された問題「この物体を初速度 v_0 で鉛直方向に打ち上げたときに到達することのできる最も高い点の高さを求めよ（ただし，空気抵抗は無視できるものとする）。」の，空気抵抗は無視できるという仮定に似ている。少なくとも地球上にいる限り，実際にはそのような仮定は成立しない。しかし，そのような空気抵抗を考えに入れてより複雑で現実的な軌道計算を行おうとするならば，まず始めに空気抵抗のない状態での運動について考えることができなければ，議論自体を進めることができない。そのような意味では，人格心理学は論じる価値のある問題を扱っているということができる。この人格心理学が，「空気のある」状況でどのように働くかについては，次章で扱うことにする。

引用・参考文献

平田オリザ（2004）．演技と演出．講談社．

ミッシェル，W.（著），詫摩武俊（訳）（1992）．パーソナリティの理論──状況主義的アプローチ．誠信書房．

村上春樹（1987）．ノルウェイの森．講談社．

村上春樹（1990）．遠い太鼓．講談社．

中井久夫（1996）．精神科医がものを書くとき I ．広英社．

若林明雄（2009）．パーソナリティとは何か──その概念と理論．培風館．

渡邊芳之（2010）．性格とはなんだったのか──心理学と日常概念．新曜社．

学習課題

・あなたが誰か他の人を指して「○○（地名）の人らしい」と言うとき，どのようなことを考えているかについて考えてみよう。

・あなたが誰か他の人について，「○○さんらしい」と思うとき，なぜそのように思うのかについて考えてみよう。

14 人格と心理療法

佐々木玲仁

《目標＆ポイント》 人格を理論として論じるときにはその共通性や分類を対象として論じるが，心理療法ではその個別性について焦点を当てることが多い。その心理療法の観点から改めて人格の概念を見直し，論じていく。

《キーワード》 心理療法，個別性，変化

本章では，心理療法という観点から人格というものを論じていく。

心理療法の観点から，ということは，集団としての傾向を探るのではなく，個々人の個別性に着目していくということを意味している。第13章の末尾で，「空気抵抗を無視できるものとする」ときの人格の議論と，無視できないとするときの議論の違いについて触れたが，本章はまずそのことから話を始めよう。

1. 心理療法における人格概念

心理療法で人格概念を用いることを説明するためには，やや複雑な論理の構成が必要である。何かしらの既成の人格概念をそのまま心理療法の場面に適用しようとすると，つまり来談者が来談する前から作られているでき合いの概念に，さまざまに異なる人格を持つ来談者を，多かれ少なかれ型にはめてしまうことになる。しかし，心理療法を必要としている人は，それぞれ固有の問題を抱えて相談にやってくる。型にはまった部分「だけ」を取り扱うことが心理療法だと考える治療者もいるだろうが，それでは多くの場合，実際に来談者が必要としているものには手

が届かないことになる。

　では，どのような考え方をすれば心理療法の中で人格概念を適切に扱えるだろうか，その説明をするために，迂遠な話ではあるが，例え話から始めることにしよう。

　物を投げ上げたときの速度や位置はどうなるか。これを空気抵抗がないものと仮定して考えるとき，その速度や位置は厳密に計算できる。運動方程式から考えても，エネルギーの保存から考えても，物を投げ上げてそれが頂点に達し，つまり一番高い位置まで上がり速度が0になっているときを経過して，投げた人のところへ降りて戻ってくるとき，その速度は投げ上げたときと正確に同じ大きさで逆向きのものとなる。この計算には何も難しいことはなく（難しいかもしれないが，「正解」はある），厳密に解くことができる。

　しかしこれが，空気抵抗があるとすると，話は変わってくる。空気抵抗は，そのときの速度に関係してくるからである。投げ上げられた物は，その速度に応じて空気の抵抗を受けて速度が変わる。おおむねその抵抗力は，速さを減らす方向に働く。そのように速度が変わると，また異なる空気抵抗を受ける。そしてまた，速度が変わっていく。そしてまた速度が変わるとさらに空気抵抗が変わっていき，そしてまた速度が変わる。このように，たった一文「空気抵抗の影響は無視できるものとする」という言葉があるかないかで計算すべき内容が大きく変わってくる。

　空気抵抗がないと考えてよいとき，我々の解くべき方程式は算術方程式になる。2乗，3乗……，n乗や，指数関数，対数関数，三角関数などいろいろな関数が出てくるものの，これらは原則的には，解き方を知っていれば解くことができる。中には「解なし」という場合もあるが，そのときにも解がないということ自体はわかる。これに対して空気抵抗があると考えたときに解くべき方程式は，微分方程式になる。微分方程

式には，一般的には解くことができない。算術方程式のときのように，
一手一手計算を進めていけばいずれ答えにたどりつくということができ
ないのである。微分方程式は，たまたまその方程式に当てはまる解を見
つけ出したり知っていたりするときに，たまたま解くことができるだけ
である。あるいは，その中の一つの項の影響があまりないと考えて，勝
手にその項を省いてみると，単純な形で解くことができる，という場合
があるだけである。空気抵抗は，この「省略可能な」項として微分方程
式の中にあり，それが省略されると算術方程式に帰着することができる
というものである。

　遠回りな話だったが，ここで言いたいのは，「一人の人が一貫した，
独立した人格を持っている」という仮定は，「空気抵抗がない」という
仮定と似ている，ということである。空気抵抗がないと考えることがで
きたら物体の運動をすっきりと計算で解けるように，状況の影響がない
と考えることで人格もすっきりと考察することができる。一般論化する
ことができるのである。しかし，人格を周囲の状況の影響を抜きに考え
るということは，物体の運動を空気抜きで考える行為と似ている。空気
のない状況で物を投げ上げる運動について考えたければ，例えば月面で
物を投げ上げることを考えればよいだろうが，その場合には重力も変わ
ってくるから，また計算結果も変わってくるだろう。そして，空気込み
で運動を考えようとするならば，どのような物体がどのような速度で投
げ上げられたか，そして各瞬間にどのような速度であって次の瞬間にど
のような速度に変わっていくかを一刻一刻計算していくしかない。人格
でいうならば，その人の人格がどのような状況の中にあり，その状況か
らどのように影響を受け，どのような影響を状況に与えているかを，一
人一人別に，一刻一刻のことを追っていくしか考える方法がない。

　この一人一人一刻一刻を追っていくというやり方が，心理療法から見

た人格の捉え方である。

2. 心理療法の中での人格

　心理療法というものがよく受ける誤解は，心理療法が人をタイプ分けして，その人にちょうどいい助言をして，その人の困り事を解決してくれるものである，というふうなものである。ここには人をタイプ分けする，助言をする，困り事を解決する，という３点の誤解が入っているが，１点目の「人をタイプ分けする」が今の議論と関連するので，それを見ていこう。

　心理療法では人をタイプ分けするだろうか。おそらく上の誤解の中には，「わかりやすくタイプ分けしてくれて，それにあった対処法を教えてくれる」という期待も入っているのではないだろうか。しかし，ここまでの論の進み方からも予想できるように，心理療法では人をタイプ分けはしない。より正確にいうと，心理療法をしている人は，人はタイプ分けで語ることができるほど単純ではないということ，言い換えると，人の人格の多様性を語り得るようなタイプ分けは存在しないということをよく知っているということでもある。これは，前節のたとえでいえば，空気抵抗がない場合に計算が単純で済むということは知っているが，空気抵抗はないということは実際にはないということもまた知っているということに当たるだろう。

　人が心理療法を求めるのは，何か困ったことが起きているときである。何も困ったことがないときに心理療法を受けようと思う人は多くはない。そして，何に困るかということはその人のこれまでの生きてきた軌跡や，現在の生活や対人関係に大きく影響されやすい。これまで生きてきた軌跡というのは微分方程式でいう初期値であり，現在の対人関係は空気抵抗そのものである。そう考えると，心理療法の観点から見ればタ

イプ分けは存在せず（少なくとも目の前の問題を解決するには有効では
なく），一人一人がまったく異なっているというふうに仮定をしないこ
とには話は始まらないであろう。このような場合，空気抵抗ありの場合
の運動がそうであるように，ほんのわずかの初期条件の違いが大きな結
果の違いを生み，また，ほんのわずかの摩擦のあり方の違いがまったく
異なる結果を導き出してくる。それを前提にすると，タイプ分けで人格
を考えることは有効でないだけでなく，有害ですらある。この問題は，
心理療法における診断の問題とも強く関連してくるが，これについては
次節で触れることにしよう。

　ここまで考えてきたことを整理するために，また別の観点から考えを
進めてみよう。そのために，一つの問いを立ててみる。その問いは，「完
全に同じ人間はいるのだろうか」という問いである。直感的には「いな
い」と答えられるが，これを証明することは実際には難しい。しかし，
仮にどんなに似ている人であっても，2人並んでいれば我々はその違い
を検出してしまうだろう。その意味で我々は，特に心理療法の専門家で
なくても，人に関して無限の解像度を持っていると言える。心理療法を
行う専門家は，さらにこの解像度の精度を上げてゆく。そうすることに
よって，その人でしかあり得ないことがさらに少しずつ見えてくる。こ
のことは，例えばさまざまな学問分野で研究をしようとしている人が，
研究を始めてから経験を積んでいく過程で起こることと似ている。研究
を始めたばかりの学生は，その学問分野の過去の研究の文献を読んでい
くと，この分野のことはもうすべて研究され尽くしてしまったのではな
いか，自分のできることは残っていないのではないかという思いに捕ら
われる。しかし，それでもあきらめずに研究を続けていくと，実はその
分野の研究は穴だらけで，研究されてしまっていることの方が少ないこ
とに気づいていく。研究する余地がありすぎて，その膨大な余白のどこ

に手をつけたらいいのかわからなくなるほどである。それは，航海の果てにたどり着いた陸地がはじめは海の終わりだと思えていたのが，実はそれが小さな島だったことに気づくのに似ている。このように，同じような，似た人だと思え，一つのグループに属すると思えていた人も，腰を据えて時間をかけて見ていくことで，まったく別の人だということがわかっていく。心理療法の観点から人格を見る，というのはそのようなことである。

3.　人格における「障害」と呼ばれるもの

　次に，先ほど先送りにした，心理療法における診断の問題と人格について考えてみよう。

　心理療法を行う専門家は，自分自身が何らかの診断を下したり診断名をつけることはない。診断との関わりは，自分が担当することになったクライエントが過去にどのような診断名をつけられてきたかを見て，そのクライエントを理解するための手がかりにしたり，あるいは，心理アセスメントを通じて，診断名をつけることを仕事の一つとする専門家（一般に医師と呼ばれる）が診断をつけるための材料を提供するという形で生じる。このことからわかるように，心理療法の専門家は自分で診断をつけることはないものの，診断というものは身近である。診断名というものはその影響力は時に強力で，前節で論じた，一人一人を個別のものとして見る見方を妨げかねないほどである。しかしまた，強力であるからこそ，使い方を間違えなければ心理療法の力強い味方になってくれる。意図せざる影響を避けるためにしろ，味方につけるためにしろ，心理療法を行う者は診断についてはある程度知っておく必要がある。

　このように考えたとき，しかし，膨大な診断体系についてすべてを論じるわけにはいかないので，ここでは人格と関わりのある名前のついた

診断について，心理療法を行う者の観点から論じていこう。

　その診断名はいわゆる人格障害と呼ばれてきたものである。この診断名が意味するところには歴史的な変遷があり，何度かその名称が指す内容が再整理されている。現在日本では，北米とともに DSM-5 と呼ばれる診断基準が多くの場所で用いられており，ともするとこれが「世界標準」と錯覚されがちである。しかし，これは必ずしも正しくはなく，アメリカで主に用いられている診断体系であり，日本もそれに追従しているという状況であることは覚えておいてよいだろう。また，この診断体系の「5」という番号からわかる通り，DSM という診断システムは何度かのバージョンアップを行っているが，問題はそのバージョンアップが単なるマイナーチェンジでなく，その思想的な根本から異なるものに変わってしまうことがあるということには注意が必要である。滝川一廣も指摘する通り，こんなにも大きな変遷を繰り返すものが「標準」と呼ばれてよいのだろうか。そして次の改訂ではまた今回とは根本的に異なる体系が出現する可能性もあるので，今の標準と呼ばれている体系ともそのつもりでつきあっておくのがよいだろう。

　ともあれ，現在の日本で中心的に使われている診断体系が DSM-5 であることは間違いない。この特徴については 2 つの点を押さえておく必要がある。1 つはこの体系が，1 つのものさしではなく，多軸的，多元的に診断を捉えているということである。現行の 5 の前のバージョンである 4 までは多軸診断で，5 からはそれが「廃止」されて多元的診断になったというのが公式の見解であるが，「1 つのものさしでは見ていない」という観点から見ればどちらもそこに入ると考えてよいだろう。もう 1 つの特徴は，これらの診断基準が，徹底した操作的定義を前提にしている点だろう。素朴に考えれば，これほど重要な分類を行うのだからたしかに明確な定義が必要だろう。しかし，その概念が重要であればあ

るほど，明確で言い切り型の定義は難しいということは，心理学に限らず一般に起こることである。例えば，「『生きている』とはどういうことか」であったり，「性別とは何か」ということを一度でも真剣に考えたことのある人であれば，すべての場合を包括し例外を生まないような明快な定義は存在しない，ということを骨身に染みて知っていることだろう。精神医学の診断もこの例外ではない。しかしそうはいうものの，定義できませんでは済まないのが現場の仕事である。そこに用いるために導入されたのが，「操作的定義」である。この操作的定義は，定義であることには変わりないのだが，その方法として，「Aの定義として，Bという手続きを経て該当したものがAだというふうに決める」というやり方をとるのである。Aは概念であり，Bは実際的に操作可能な手続きである。概念などというあやふやなものに対して，確実に操作可能な一連の手続きを決めておいて，それが達成されたときにAが成り立っている，というやり方をとるのである。これはある概念を，ある行動に移し替えて，その行動が行われたことをもってある概念が成立していると「見なす」という仕掛けである。DSM-5での診断名の診断基準の定義は，このような道筋で決められている。

　例えばパーソナリティ障害（本書でいう人格についての問題をDSM-5ではこう呼び習わす）の下位分類の一つである境界性パーソナリティ障害では，「不安定な自己像または自己感覚」や「持続的な空虚感」など9つの特徴のうち，5つを満たすもの，という形で定義されている。診断基準の文を引用すると次の通りである。

　　境界性パーソナリティ障害の診断を下すには，以下の5つ以上により示される，不安定な人間関係，自己像，感情（すなわち，感情の調節不全）および顕著な衝動性の持続的パターンが認められる必要があ

る。

　そして先ほどの9つの特徴が並び，その中の5つが該当すれば境界性
パーソナリティ障害の診断がつくというわけである。ここまでの話の中
で何か気づいたことや疑問は生じないだろうか。あるとすれば大きく分
けて2つ考えられるだろう。1つは，9個のうち5個以上が該当すると
いうならば，その組合せの数はかなり多くの数に上り，その内容はずい
ぶん異なるものになるはずなのだが，それが同じ診断名となることであ
る。具体的には，特徴がA，B，C，D，E，F，G，H，Iの9個あ
ったときに，｛A，B，C，D，E｝の組と｛E，F，G，H，I｝の
組では同じものはEしかないが，同じ診断名がつく。こういうことで本
当に大丈夫なのだろうか，というのが1つ目の疑問として生じ得る。も
う1つの疑問は，5つ以上が該当すれば診断するということは，4つし
か該当がないときには診断されないということである。しかし，5つ目
があるかないかでこれほどはっきりとした結果を出していいものなのだ
ろうか。また，その境目は5つと6つの間ではいけないのだろうか。こ
れは生じて当然の疑問である。

　文句ばかり言っているようだがしかし，これらの工夫はより汎用性の
高い，一定の基準で診断が下せるようにするための工夫の果てにたどり
ついたものであり，これ自体に価値があることに変わりがあるものでは
ない。しかし，上記のような深々とした曖昧さがあるのだということは
忘れてはならないだろう。このように，診断基準に曖昧さがあるという
ことを理解しておけば，心理療法の観点として一人一人が異なっている
ことの重視と，診断というものが存在することが矛盾なく一つの見方の
中に収まるだろう。

　さて，ここまでの長い長い前提の話を経てそれを踏まえた上で，人格

の障害とは何かということについて述べていこう。精神医学で言う人格の障害を持つ人とはどんな人か。まず，何か困ったことがあったり苦しくなったことがあった人が自分一人では解決するには至らず，日常生活を共にする周囲の人たちへの相談やその人たちからの援助でも収まりきらず，何らかの専門的な助けが必要となり，その助けを求める先が医療だった，という人の中で，その困ったことや苦しいことがその人のもともとの人がらや対人関係のあり方に由来していてしかもその程度が甚だしいという人のことを指すと考えられる。言い換えると，医療にかかった人のうち，その困り事や苦しみがその人の人がらや対人関係の極端なあり方に由来すると医師に判断された人のことを指す。逆にいうと，そもそも医者に行かない人は人格障害とは呼ばれない。また，困り事の解決先として弁護士や社会保険労務士，税理士，警察に行く人も，行った先で人格障害と呼ばれることはない。そしてそれは心理療法に行ったときも同じである。さらに，困り事，苦しみが人がらに由来するというふうに判断されるというのはどういうことだろうか。日常生活において，周囲の人やあるいは本人が，こういうところはその人は変わっている，と考えることはたくさんあるだろう。前節にも述べた通り，人はすべて異なっているのであり，それを「変わっている」と呼ぶかどうかは，程度の問題であったり，それを判定する人がそういう人にどれほどなじみがあるかによってさまざまである。ただし，もしその人が苦しんでいるときに，それが人がらに由来するかどうかはわからないことが多いだろう（人がらに由来すると言いたがる人が多いかもしれないが）。むしろ，人がらと巡り合わせと，おそらく運としか呼べないような要素の組合せで困ったことが発生する。そしてそのことが日常レベルで解決できなかったときに，先ほども述べたように，相談先として医療を選び（あるいは選ばされ），そこで医師がその複合された由来のうち人がらや対人関

係を特定的に問題として拾い上げ，かつ診断基準の中で，もしそれが境界性パーソナリティ障害疑いであったなら9個のうちどれか5個が該当すると判断したときに初めて診断名がつくというわけである。人格障害と診断される，というのもなかなか大変な仕事である。

　このようなプロセスを経てつけられる診断名だが，もちろんそれには功罪がある。ここまではむしろ，本来は一人一人異なる人であるのに十把一からげにしてしまう，というような功罪の「罪」の方を強調してきた。しかし，もちろん功の部分もある。このような診断名がついていることで，その人を理解するのに大きな手がかりとなることには変わりない。そして，心理療法を行う人が，目の前のクライエントを，「〇〇障害の人」と見なすのではなく，「どこそこで『〇〇障害』という診断名をつけられた人」と見なすならば，その功は最大限に生かされることになるだろう。このように，診断名を大きな手がかりとして使うのも，複雑な色合いをした一枚の絵を一色のペンキで塗りつぶしてしまうのも，それを使う心理療法側の問題として考えることができる。

4. 人格が変わること──人格は変わり得るのか

　次に，心理療法にとっての人格の変化というものについて考えていこう。心理療法の過程で，セラピストから見てクライエントは変わった，と感じることはある。また，少なくともクライエントの一部は自ら変わることを求めて心理療法にやってくる。だがちょっと待ってほしい。第13章でも述べたが，心理療法を受けた結果，それが変わったのだとしたら，それはそもそも実は変わり得るものだったということになり，一見人格に見えていたそれは人格ではなかったのではないか？　変わる前に人格だと思っていたものは実は偽りで，変わった後のものが真の人格だった，というふうに考えることもできる。しかし，それが真のものだと

いうことを誰が判定できるだろう。そしてその後にまたその人が変わることがあるとしたら（あり得ない話ではない），今持っているものも偽りということになるのだろうか。そう考えると，偽りの人格と真の人格という考え方もまた有効ではなさそうだ。

　結局のところ我々にわかるのは，誰かの目から見た変化であり，また「誰かしらの目から見た変わらなさ」だけなのであって，こと人格に関する限り，真の人格も真の人格の変化も捉えきることはできないものなのではないだろうか。ここではそのように考えて，それぞれの視点から見える変化について話を進めていこう。

　まずはセラピストから見た変化である。心理療法の過程では，毎週なり２週に１回なりセラピストはクライエントと会っていく。そのように短い間隔で会っていくと，何かしら変化があったとしても，それに気づくことは難しい。もし変化があるとしてもそれは少しずつしか起こらないので，１回１回の面接を共にしているセラピストもそれにはなかなか気づけないのである。セラピストは半年なり１年なり，その心理療法の過程をまとめて，同業者同士で行う，「カンファレンス」と呼び習わされている検討会で発表することがある。このような機会に，発表を聴いた同業者やそこでコメントする熟練者から言われたことで変化に気づくことが一番多いだろう。そしてこのような発表をするために，心理療法の過程を資料にまとめていく過程でもかなりのことに気づいていくし，発表のためにその資料を読み上げていく間にも，さまざまな気づきがある（文章で書いてある資料をわざわざ読み上げるのはそのためである）。そうやって心理療法の過程を振り返って，初回の面接のことを思い出すことで初めて変化に気づくことができる。これがセラピストにとっての変化である。

　次に，クライエント本人にとっての変化について話していこう。この

変化も，セラピスト同様，起こるとしても少しずつしか起こらないために，感じ取ることは難しい。そして，クライエントにとって変化は，周囲のものや周囲のものとの関係の中に感じられることが多いように思われる。何か以前と同じことを行ったときに生じる手応えの違い，以前から同じようにそこにあったのに見えていなかったものへの気づき，周囲の人から以前と同じことを言われたときの感じ方の違い，というようなところにふとしたきっかけで気がついていく。そのようなことが積み重なっていくと，あるところでクライエントは変わったのは自分の方ではないかとふと気づくことがある。もちろんいつもそのようにうまくいくわけではない。セラピストの方は変化と手応えを感じているのにクライエントにはそうは感じられないということもあるし，心理療法を続けている期間は変化が感じられず，失望して心理療法をやめていくクライエントもいる。上の話は，もしもクライエントにとって変化が感じられるということが起きるとしたらこのような形で起きるということが想定できる，ということである。

　このように，心理療法においては変化はそれぞれ異なったように感じられる。ここからわかるのは，「真の」変化など求めても意味がないということ，そして，その変化を感じられるとしたら，それはあるとき一気に生じるのではなく，一人一人の刻一刻の様子を丹念に追っていく中で，結果論として得られるものでしかないことである。このようなことを変化と呼ぶなら，それは多くの人に共通の，あるいはどんな状況にも通用するような一般論ではあり得ないことはわかるだろう。

　「空気抵抗」はこのような形でしか，我々の認識の中に取り入れることはできない。そしてそれは，「一般化することが難しい」ということではなくて，むしろ「論理的に考えると，一般化することは不可能である」という積極的な結論となる。また，このような現象を前にするとき，

いわゆる「科学的」に一般性普遍性を求める姿勢は，それそのものが「非科学的」なものであると言わざるを得ないだろう。

5. 心理療法における人格とその変化

　結局のところ，心理療法の視点から見ると，人格は一人一人異なっていてパターン化できないということ，そしてそれは変化するのかどうかという問いには，何かが変化することは確かだが，その変化したものが人格といえるかどうかはわからない，ということになるのではないだろうか。そんな曖昧なことでは何も言ったことにならないというふうに思えるかもしれない。しかしここでは，「何もはっきりしない」ということと「『何もはっきりしない』ということがはっきりわかった」ということは別のものだということに注意してほしい。わからないということがはっきりわかるというのは一つの前進である，とここでは強調しておこう。

　最後に，心理療法における人格の変化について述べてこの章を閉じることにしよう。結局，心理療法において人格は変化するのか，しないのか。前述したように，これは曖昧模糊とした結論しか導き出すことができない。しかし，心理療法は，変わらないはずの人格に変化がもたらされるという不可能な仕事を，原則的には不可能と知りつつ取り組んでいくということそのものにその特有の価値がある，ということは言えるだろう。

参考文献

米国精神医学会（編），日本精神神経学会（日本語版用語監修），高橋三郎・大野裕
　（監訳）（2014）．DSM-5精神疾患の診断・統計マニュアル．医学書院．
河合隼雄（1992）．心理療法序説．岩波書店．
大山泰宏（2020）．日常性の心理療法．日本評論社．
滝川一廣（2017）．子どものための精神医学．医学書院．

学習課題

・自分自身，または他の人が「変わった」と感じるのはどのようなときか，
　考えてみよう。
・心理療法の中にはここで採り上げなかったような考え方がある。それらの
　中ではどのような人格観があるか，調べてみよう。

15 | 感情・人格と日常

佐々木玲仁

《目標＆ポイント》　ここまでそれぞれ論じてきた感情と人格について，その関連について述べるとともに，これまで論じてきたそれぞれの観点を感情と人格の関わりにおいて振り返り，講義全体のまとめを行う。

《キーワード》　感情と人格の関わり，測定，発達，記憶

1. 感情と人格

　ここまで本書では，感情と人格について論じてきたが，ここでこの両者の関係や関連性について論じてみることにしよう。感情も人格も我々の日常生活の中でなじんでいる概念であり，しかしそれを正面から定義して論じていくことは難しいというのは遥か昔の第1章で述べたことだが，まずはこの二つの大きな概念同士がどのように結びついているのかについて論じてみよう。

　感情と人格の関連を考えるのにあたって，まず手がかりになるのは両者の時間的スケールである。今仮に，時間的スケールの単位を1日という長さに設定してみよう。感情については，個々の感情の発露でいうと，1日というスケールの中で何度も入れ替わり立ち替わり現れてくると言え，1日の中にいくつもの感情が生じるというのが感情の基本的な時間スケールと言うことができるだろう。また，同じ感情が何日も続くときというのは，その持続する感情を引き起こす外的な要因があるか，あるいは何らかの治療を必要とする状態であることもあるだろう。個々の感

情状態からすると，１日というのはいくつもの感情が生起し得る比較的長い時間的スケールである。

　これに対して人格は，より長い時間的スケールで語られるものである。１日という単位を用いると，人格というのは原則的には変化なく一定のものであるということが仮定できる。ある日このような人格だった人が，翌日にはまったく異なる人格になったように見えるとするならば，少なくともそれは当たり前に起こることではない。変化が起こることがあるとするならば，１日ではなく数か月や数年の単位で振り返ったときに結果的に変わったと感じられるという時間スケールのものであり，１日単位でいえばほとんど変わらないと仮定してもよいだろう。

　次に考えたいのは，両者の直接的な関係である。一人の人の感情の生起の仕方には一定の傾向があると考えられている。この感情の傾向は，人格を構成する重要な一つの要素であると言っていいだろう。さまざまな種類の感情はすべての人に均一に見られるわけではなく，その人に生じやすい，あるいは生じにくい傾向がある。その傾向をもって，「その人らしさ」と考えることができ，人格というものが構成されているということが言えるのではないか。人格の側から言えば，人格を構成するのは感情ばかりではない。知能のあり方や認知の傾向，行動の傾向などさまざまな要因が人格には包含されていると言える。その中で，感情は知能や認知や行動と結びついて，それらに強く影響を与え，また，逆に強く影響を受けているという関係がある。このような要因同士の関係の強さがある一定以上になり，容易には変化しないという状態になっているときに，それが人格であると言うことができるかもしれない。

　このように，時間的スケールから見ても，その直接的な関係から見ても，感情は人格に含まれ，また人格は感情を一つの構成要素としているということは仮定してもよいだろう。

2. 感情と人格のそれぞれの側面とその関係

　上に感情と人格という大きな2つの概念同士の関係について述べてきたが，次に，感情と人格について，それぞれいくつかの章を立てて論じてきたさまざまな側面の，側面同士の関係について論じていこう。これらの側面は多岐にわたっており，また，測定や発達のように両方の分野にまたがっているものや，生理的基盤と環境のように，それぞれ感情と人格に特徴的な観点から論じてきたものもある。学問としてある側面を取り扱うときには，たとえその概念がやせ細ったとしても明瞭化をすることが優先されるが，それがあまりにも進行すると，孤立した点のようになり，日常的な事象であるということからは遠くなってしまう。そこで，その側面同士を感情と人格という括りを超えて結びつけてみることで，感情や人格についての新たな見方が生まれてくることを期待してこの結合を考えてみることにしよう。

（1）感情の測定と人格の測定

　感情も人格も日常で出会うものだが，学問として取り扱おうとするにはどのような形であれ，測定の対象にしなければならない。その人の感情の状態や傾向，人格のありようについて，数値や言葉，図像に置き換える，つまり紙の上に（あるいはコンピュータのデータの中に）書ける形にしないと，少なくとも学問として扱うことは難しい。日常の世界を学問の世界に移し替えるのが測定という作業である。

　第8章では感情の測定について論じた。感情のさまざまな側面について，自己報告，観察，体内現象の観測，自己表現という方法で測定する方法である。これらの方法は，ある瞬間や場面で，つまり上で述べたような比較的短い時間的スケールで生じる感情という現象について，それ

が生じている最中に観測されたり，後から振り返って語られたりする。

　第11章では人格の測定について扱った。人格の測定の方法では質問紙法と投映法を採り上げた。質問紙法は自分自身についての多くの短い質問に数値で答えるものであり，投映法は絵や文などの形で表現することで，そこに現れている表現する人そのものについて測定するものである。時間的スケールとしては，その測定を行っている瞬間から見ての過去から未来まで連続している，人格というものの存在を仮定していると言っていいだろう。

　感情と人格の測定を比較すると，感情の自己報告と人格での質問紙法では，回答者が把握している自分自身について答えているという点で共通点がある。また，感情の自己表現と人格の投映法は，本人が把握していないものを測定者が観測するという意味で類似の方法であると言える。感情も人格も，本人が把握しているところと把握してないところが両方あり，それぞれに測定する方法があるということが共通しているだろう。

　一方で，感情の測定では挙げられているが人格の測定では挙げられていないのが，観察と体内現象である。この2つはそれぞれ異なる理由で人格の測定では用いられない。まず観察では，感情という現象の時間的スケールの短さから，測定者が実際にその感情が生起する場に居合わせる，または測定者がその感情を喚起することができる。しかし，人格の測定では，測定者は測定相手の人格というものが見えるまでその場で観測し続けることは時間的スケールの問題からいって原理的に不可能である。人格の記録者として測定者がその観察に人生を捧げるつもりであれば別だろうが，それはかなり特異な状況や背景を必要とするだろう。体内現象については，測定器を必要とすることから生理的指標であれ，脳各部位の血流量であれ，人格という長い時間的スケールの測定ができる

214

ほどに長時間測定を続けることはあまり現実的ではない。また，測定器をつけているというそれ自体特殊な状況で測られるものから人格を推定することは困難である。この困難は実際には感情の測定にも生じていることだが，人格の測定はより困難さの度合いが高い。

（2）感情の発達と人格の発達

　次に発達の問題を取り扱う。感情も人格も，出生から始まる時間の経過の中で変化を遂げていく。

　はじめに問題になるのは感情の発達である。第4章で採り上げたように，出生直後から1〜2歳ころまでに急速に発達していく。一次感情と二次感情を分けると，二次感情の方は私というもの，つまり自己意識が必要な感情であって，この感情が生じていることが自己意識が生じていることの間接的な証拠となる。感情の発達を通して「私」が生じてくる様相がうかがえるのである。

　人格の発達で問題になるのは，その私ができていく過程であり，またその私がどのような個性を持っていくかという時間的スケールの話になる。実は人格という概念は，発達という概念とはあまり相性がよくはない。人格というのが，まとまった時間のあいだ変化しないその人の特徴であるということから，基本的には変化しないということにその基礎を置いている。これに対して発達はまさに時間的変化そのものである。この2つを同時に成り立たせることができるのは，人格の始まりについての議論と，心理療法についての議論の2つのルートがある。人格の始まりは，文字通りまとまった人格といえるものが見られなかったところからそのまとまりが生じてくるところの話であり，心理療法によってそれほど変わらないはずの人格が，程度の差こそあれ何かしらの変化が生じる。心理療法で起こる変化は発達と括ることが難しい程度には個別的だ

が，しかし心理療法に訪れるきっかけは発達による変化がきっかけになることも少なくないという意味で，発達と人格の橋渡しを心理療法がしているということがいえるのではないか。

　そして，感情の発達の中で「私」が生じてきたことで，人格の始まりへと接続していき，その狭間の問題として愛着や情動調律，社会的学習を置くことができるのではないかと考えられる。

（3）感情と人格における記憶

　もう一つ，感情と人格を結びつけるものとして，記憶を挙げることができる。

　第5章で述べたように，感情は記憶を促進し，また記憶が感情を生起させる。感情と記憶はお互いがお互いの起因と結果になって強め合い，ひとつながりのループを形成している。感情そのものは時間的スケールは短いものの，記憶という保持装置によって，時間的な隔たりがあるときも連続性を保っていける。

　一方，人格の一貫性を保証しているのも記憶である。朝起きた自分が，夜寝る前の自分と同じ自分であるということを可能にしているのが，記憶の働きでもある。あるいはこういうときにはいつもこうしてしまう，とか，あのときはこうだったが，今はこうだというふうに一貫性を持って考えられるのは記憶があるからであろう。

　このように，感情と人格はどちらも記憶と強く関わっている。そして感情と人格が，記憶というプラットホームに相互乗り入れをしていることで，一人の人間としての一貫性を保ちながら，さまざまな感情を動かし，あるいは感情に動かされながら日常生活を生きているのである。なお，記憶というプラットホームで人格と相互乗り入れしているのは感情だけではない。感覚や認知なども乗り入れてきていると考えると，人間

の心理についての，全体像がつかみやすくなるだろう。

3. 日常生活のレベルへ

（1）感情と人格の関係

　ここまで見てきたように，感情と人格は時間スケールが異なり，感情は人格の構成要素の一つであり，また，時間的スケールが違うことから測定の方法が一部異なっている。そして，自己意識が芽生えてくる時期に接点を持ち，また，記憶によって結びついている。

　この感情と人格は，実験室状況での研究では捉えきれない側面が大きいという共通の特徴がある。どちらも測定法を用いれば測定ができるが，実験室で測定されたものが日常でも再現されるとは限らないし，むしろ，日常生活から見た実験状況の特殊性を考えると，再現されない可能性の方がずっと高いといえる。そして感情も人格も，本来的には日常生活の中で働くものである。

（2）日常生活への着地

　さて，ここで第1章で述べたように，ここまで研究の文脈で扱ってきた感情と人格を，日常生活に着地させるべき時がやってきた。我々はこの第2章から第14章までたどってきた道のりとそこで得られたものを，どのように日常生活に接続して考えることができるだろうか。

　まず第2章では，感情の種類とその分類方法，そして感情の働きそのものについて論じた。ここでは感情がどのように分けられるのかを知ることで，感情というものがただ一塊の度し難い何かとしてではなく，また，さまざまな働きを持っているものとして捉えられるだろう。ここで得られたことで感情そのものを捉える手がかりが得られたのではないだろうか。ただこの知識は，日常生活に直接生かしていくことはそう簡単

ではないだろう。なぜなら，日常で感情と出会うときは，我々は感情的になっているであろうから。

　第3章では表情について扱った。日常生活で最も直接的に感情に触れるのは表情を通してである。この表情についても，先人たちがさまざまな記述システムを残していて，この捉えどころのない現象もまたまったく秩序がないわけではないということが明らかになっている。しかしその反面，その努力を持ってしても，表情を完全に捉えきることはできないということもまた明らかになっている。このことは，表情というものの奥深さを示しているし，例えば身体を通じた芸術表現を学術的に捉えることの難しさにもまた通じているだろう。そして，表情は感情の結果であると理解されがちだが，時によっては感情の方が表情の結果と考えられるということもまた新しい手がかりになるのではないだろうか。

　第4章では，感情の発達について述べている。ここでは，今これを読んだり書いたりしている我々は，今持っている感情をはじめから当たり前のように持っているわけではなかったということを明らかにしてくれる。感情を持ち始めたころは「私」がおらず，そのころの記憶もないために実感としては知ることが難しいが，我々の感情は発達のある時期から他の人との関わりの中で生じてきたものであるということに気づかされる。

　第5章では感情がどのように記憶と結びついているかということを論じている。感情の時間的スケールは短いが，それが記憶によって結びつけられることで，一人の人間の中でつながりを持って感じられる。この記憶によって結びつけられた感情は，時にはその先の人生を走りきるための燃料にもなってくれるし，また，逆に我々が生きていくための足どりの「足を引っ張る」ものにもなり得るといえるだろう。

　第6章で論じたのは感情と身体との関係である。感情は，脳を含む身

体と強く結びついている。しかし，その結びつき方は，身体状態が感情の起因になるとも，その逆であるともつかないものである。記憶と感情がそうであったように，身体と感情もまたお互いがお互いを呼び出し合い，お互いを促進し合うというループの関係にあると言っていいだろう。特に第5章，第6章を通じて言えるのは，「原因」というもののわからなさである。この感情はこれがあったから生じたのだということは，なかなか決められるものではないのである。

　第7章では，その感情がうまく働かないとき，一般には障害されていると呼ばれるときについて論じている。我々はどういうわけか，感情をコントロールできると思いがちである。コントロールできないのはよろしくないことだと自分を責める人もいる。しかし実際は，感情はままならないものである。そしてその程度が大きくなって，世の中で生きていくことに支障が出るようになったとき，それを障害と呼んでいるのである。やっかいなのは，感情をコントロールできていないと自分を責めているのもまた感情であるということである。我々はその責める感情もコントロールできないときがある。そこにはその入り組んだ感情を整理していくときにその感情をいったん預かってくれたり，また見守ってくれたりする人が必要である。

　第8章ではここまで論じてきた感情を，研究するときにはどのように測定するのかについて述べている。感情にさまざまな側面があるために，その測定方法もさまざまである。学問的な測定法というと，この方法に則って測定すればそのことが過不足なくわかるというものであるかのように思われがちだが，実際は個々の方法は帯に短し襷に長しの状況で，研究者はその帯と襷を何とか組み合わせて，この捉えがたい感情というものに日々挑んでいる。ここまで書いてきた知見は，そういう研究者たちの工夫の末に得られたものを含んでいる。

　第9章からは人格の話になる。第9章では，そもそも人格ということをどのように捉えたらいいのかという大元のところ，そして，人格が「ある」とはどういうことかについて論じている。人は日常生活で出会う他の人の「人がら」のわからなさで悩まされることも多いが，研究者も別の形で悩まされている。どちらも悩んでいるのだが，違う形の悩み方を見ることができたら，日常生活の悩み方への取り組み方にまた一つ手がかりが加わるのではないだろうか。

　第10章では第9章の内容により踏み込んで，類型論と特性論という2つの大きな人格の見方について詳しく論じている。驚くべきことは，遥か昔からこのようなテーマで人は人格のことを考えてきたことと，現代に至ってもその人格の捉え方に決定打がないことだろう。類型論も特性論も，その長所と，それに肩を並べるくらいに大きな短所を抱えている。こうなると，我々が人格というものを捉え得るはずだという思い込みはどこで生じたのだろうとさえ思えてくる。

　第11章は，その捉えどころのない人格について，それでも何とか捉えようとするときの方法としての測定について論じている。さまざまな方法があり，これもまた一つ一つの方法には長短があり一つの方法で人格をまるごと捉えることはできない。そのために，研究者はさまざまな方法を組み合わせて，少しでもましな結果が得られるように工夫しているのは感情の測定法と同様である。

　第12章では，人格の発達について述べている。人格は発達していく。と同時に，人の一貫したところを人格と呼ぶならば，発達によって変化したところを人格と呼ぶのかどうかがわからなくなってくる。しかし，このややこしいところを置いておくとして，人生のさまざまな時期に特徴的な共通性が見られることも事実である。そう考えていくと，我々が今，当たり前のものとして考えている「変わらない私」というものが本

当にあるのかどうなのかがだいぶ疑わしくなってくるのではないだろうか。

　第13章で扱ったのは，人格と環境の問題である。環境，つまり人を取り巻くさまざまな外部の状況との関連について論じている。ここで言えるのは，一見その人のものである人格は，周囲の状況に非常に強く影響されるということ，そしてその影響がどのようなものであるかを見極めることは非常に困難なことである。一貫した人格というものがない，というのは日常感覚からはかけ離れているが，その一貫性はずいぶんと頼りないものであるということもまた無視はできないであろう。

　第14章では，人格と心理療法について論じている。ここでは，心理療法という視点から人格を見たときに見えてくる人それぞれの違いと，それがどう変わっていくかは予想がつかないこと，つまりはここでも人格の捉えどころのなさについて論じていると言っていいだろう。心理療法は捉えどころのないものを，不完全ながらどのように捉えていくかということの試みの連続である。心理療法は非日常的な場だが，学術的な視点と日常生活は少なくともこの心理療法の場においては接点を持つということが言えるだろう。

　さて，本書では第1章で，学術的な議論が日常生活にどのように着地するかを最終章で論じていくということを予告してあった。この着地は飛行機の滑らかな着陸かパラシュートによる半ば強引な着地になるかと第1章では述べた。そのことについて振り返りたい。上のまとめを見て，読者はどのように感じただろうか。筆者がここまでたどりついて持った印象は，「まだ着地には至っていない」であり，また，「無理に着地しようとすると胴体着陸になる」というものである。ここまで書いてきた各章の各部分では，何がわかっているかよりも何がわかっていないかを強

調してきたように読めるだろう。しかし，それは筆者が強調したのではなくて，我々の感情や人格については明らかにされていないことの方が実際に多いのである。これは日常生活の側からすれば残念なことかもしれないが，研究者からすると大いに歓迎すべき事態である。飛行機は飛び続けている。実際の飛行機とは異なり，途中乗機も可能である。本書の読者には飛行機から見えた景色を想像してほしいし，もしそのうち何人かが飛行機に乗り組むことがあるのであったら，そのことを歓迎したいと筆者は考えている。

参考文献

　本書についての参考文献はもうないが，さまざまな小説や映画を読み，観ることで本書で論じた内容が深く理解できると考えられる。例えば，小説『地球にちりばめられて』（多和田葉子著，2018年，講談社），『東京奇譚集』（村上春樹著，2005年，新潮社），映画『奇跡』（是枝裕和監督，前田航基，前田旺志郎出演，2011年，ギャガ）など。

学習課題

・本書で論じてきた感情と人格についての議論を振り返って，さまざまな日常場面について心理学の手法を使って捉え直してみよう。また，その捉え直し方に無理があるとしたら，どこにその無理があるのかについて考えてみよう。

索 引

●配列はアルファベット，五十音順。＊は人名を示す。

●アルファベット

BMI　136

DSM（Diagnostic and Statistical Manual of Mental Disorders）　105, 201

ICD（International Classification of Disease）　105

NEO-PI-R　155

TEG　156

YG性格検査（矢田部ギルフォード性格検査）　156

●あ 行

アイゼンク（Eysenck, H. J.）＊　141

愛着　171, 215

愛着スタイル　173

アイデンティティ（同一性）　169

アブダクション　128

アンケート　154

安定状態　95

一次感情　49, 50, 214

一貫性　182

一般的態度　145

意味記憶　64

印象評定　112, 113

インタビュー　111

うつ病　104

エピソード記憶　64

エリクソン（Erikson, E. H.）＊　170

演技　37

援助　153

援助行動　100

エントレインメント　53

オズベルト（Odbert, H. S.）＊　140

オルポート（Allprt, G. W.）＊　140

●か 行

外向性　141

海馬　84, 87

課題画　161

ガレノス（Galenus）＊　135

考え方　120

感覚記憶　63

環境　220

観察　108, 112, 213

感情

　――語　40

　主観的――　111

　――的視点取得　58

　――と人格　210

　――に喚起された行動　31

　――の機能　23

　――の共有　100

　――の種類　29

　――の測定　107, 212

　――の中枢起源説　80

　――の2要因説　80

　――の認知的評価理論　82, 83, 87

　――の発達　49

　――の不調　94, 101

　――の振れ幅　103

　――の末梢起源説　79

　――表出　58

観測者　19

間脳　84

カンファレンス　206

記憶　26, 215

　――の検索　31, 97

　――の変容　111

気質　125, 130
記述　129
機能　22, 32
気分一致効果　69
気分状態従属効果（気分依存効果）　69
気分誘導法　70
基本的情動理論　43
記銘　26, 28, 66, 97
キャッテル（Cattel, R. B.）＊　140
キャノン，W. B.（Canon, W. B.）＊　80
キャノン・バード説　80
境界性パーソナリティ障害　202
共感　58
共同注視　175
共鳴　53
緊張状態　25
空気抵抗　196, 207
クライエント　200, 205
クレッチマー（Kretschmer, E.）＊　135
原因帰属　80
言語　108
言語化　129
言語表現　28
顕在記憶（明示的記憶）　64
現代口語演劇　38, 91
5因子モデル（Big Five）　142
口唇期　137
構成概念　126, 128
構成要素的アプローチ　43, 44
行動　108, 113, 120
公認心理師法　124
肛門期　137
交流分析　156
個人差　123
個人性　124
コスタ（Costa, P. T.）＊　142

古典的条件づけ　65
困りごと　94, 103
コミュニケーション　113

●さ　行
三項関係　55
ジェームズ，W.（James, W.）＊　79
ジェームズ・ランゲ説　79, 90
シェルドン（Sheldon, W. H.）＊　135
視覚的断崖　56
自我体験　176
弛緩　25
時間の変化　168
次元論　43, 44
自己意識　174, 214, 216
自己鏡映像認知の研究　176
自己表現　115
自己報告　110, 112
思春期・青年期　170
視床　84
自然科学　117
舌出し模倣　53
実験室状況　216
実体　126, 128
質問紙法　110, 154, 157, 213
自伝的記憶　64
社会的学習　215
社会的参照　56
社会的微笑　53
シャクター（Schachter, S.）＊　81
自由画　161
主機能　147
主要5因子尺度（Big Five 尺度）　154
生涯発達モデル　168
状況　181
状況論　19, 182, 183

情動調律　54, 215

シンガー（Singer, J. E.）＊　81

人格（パーソナリティ）　17, 123, 124, 152

　　——検査（パーソナリティ・テスト）
　　18, 160

　　——障害（パーソナリティ障害）　201,
　　202

　　——の一貫性　178, 184

　　——の時間的な一貫性　185

　　——の状況的な一貫性　184

　　——の測定　152, 212

　　——の発達　129, 167, 219

進化心理学　15, 48

神経症傾向　141

新生児　48

新生児微笑　52

身体　217

診断　200

信頼性　157

心理機能　146

心理社会的危機　170

心理療法　71, 115, 130, 195, 214, 220

心理療法の専門家　200

心理臨床　102

スターン（Stern, D. N.）＊　54

スタニスラフスキー・システム　38

ステレオタイプ　183

ストレンジ・シチュエーション法　172

性格　124

性器期　137

精研式SCT　159

精神医療　104

精神病傾向　141

生理的指標　114

セラピスト　205

潜在記憶（暗示的記憶）　65

前頭前野　88, 89

専門用語　10

想起　26, 27, 28, 66

操作的定義　12, 201

相補性　147

測定　107, 109, 129, 150, 152, 212, 218, 219

　　感情の——　107, 212

　　人格の——　152

　　——者　165

　　——法　216

　　良い——　109

ソマティック・マーカー仮説　88, 89

損傷研究　86

●た　行

体液説　135

体内現象　108, 114, 213

大脳　78

大脳辺縁系　79, 84

タイプ　198

タイプ論　137

他者視点取得　58

達成　170

妥当性　157

ダマシオ（Damasio, A. R.）＊　89

段階　170

短期記憶（ワーキングメモリ）　63

男根期　137

中枢神経系　78

長期記憶　63, 64

陳述記憶（宣言的記憶）　64

定常状態　24, 25

テストバッテリー　164

電気生理的研究　86

同一性　169

投映法　158, 213

動作 28
東大式エゴグラム 156
特性 125
特性論 18, 139〜143, 156, 219
トロニック（Tronick, K. E.）＊ 54

●な 行
内向性 141
内的作業モデル 172
なつかしさ 74
二次感情 49, 51, 214
日常生活 11, 216
日常用語 10, 12
人間−状況論争 183
認知的視点取得 58
脳機能画像研究 86
脳神経系 108
脳の血流 114
脳の三位一体説 85

●は 行
バード，P.（Bard, P.）＊ 80
発達 168, 214, 219
非陳述記憶（非宣言的記憶） 65
人がら 119〜123
描画法 115, 161
表情 15, 28, 35, 36, 108, 217
　　——のカテゴリー化 39
　　——の観察 112
　　——の種類 38
　　——の文脈性 42
平田オリザ＊ 91, 182
風景構成法 162
プライミング 65
フラッシュバック 73
フラッシュバルブ記憶 73

フロイト（Freud, S.）＊ 136
文化 183
文化差 193
文化的背景 189
文化比較 190
文章完成法 159
扁桃体 79, 84, 86〜88
ボウルビィ（Bowlby, J.）＊ 171
保持 26, 66, 71
ホメオスタシス 24, 95

●ま 行
マクリーン（Maclean, P. D.）＊ 85
マクレー（McCrae, P. R.）＊ 142
末梢神経系 78
無意図的想起 72
モーションキャプチャ 113

●や 行
優先順位 96
ユング（Jung, C. G.）＊ 137
　　——のタイプ論 137, 145, 148

●ら 行
来談の動機 104
ランゲ，C.（Lange, C.）＊ 79
リビドー 137
臨床実践 117
臨床心理学 93
類型論 18, 133, 157, 219
ルイス（Lewis, M.）＊ 49
劣等機能 147
ロールシャッハ法 159

●わ 行
ワーキングメモリ 63

著者紹介

大山　泰宏（おおやま・やすひろ）

・執筆章→ 4 〜 6

1965年　宮崎県に生まれる
1997年　京都大学大学院教育学研究科博士課程研究指導認定退学，
　　　　京都大学高等教育教授システム開発センター助手
1999年　京都大学高等教育研究開発推進センター准教授
2008年　京都大学大学院教育学研究科准教授
現　在　放送大学教授，博士（教育学），臨床心理士
専　攻　心理臨床学
主な著書　心理療法と因果的思考（共著，岩波書店）
　　　　　セラピストは夢をどうとらえるか——五人の夢分析家による同一事例の解釈（共著，誠信書房）
　　　　　日常性の心理療法（単著，日本評論社）
　　　　　生徒指導・進路指導（編著，教職教養講座　第10巻，協同出版）

佐々木　玲仁 <small>（ささき・れいじ）</small>

———————————————— ・執筆章→1〜3・7〜15

1969年	東京都生まれ
2006年	京都大学大学院教育学研究科　研究指導認定退学
現在	九州大学大学院人間環境学研究院准教授・京都大学博士（教育学）
専攻	臨床心理学
著書	『風景構成法のしくみ——心理臨床の実践知をことばにする』（創元社）
	『結局，どうして面白いのか——「水曜どうでしょう」のしくみ』（フィルムアート社）
	『学生相談と発達障害』（共著，学苑社）
	『アセスメントの心理学——こころの理解と支援をつなぐ』（共著，培風館）

放送大学教材　1529498-1-2111（ラジオ）

感情・人格心理学

発　行　　2021年9月20日　第1刷
　　　　　2024年1月20日　第2刷
著　者　　大山泰宏・佐々木玲仁
発行所　　一般財団法人　放送大学教育振興会
　　　　　〒105-0001　東京都港区虎ノ門1-14-1　郵政福祉琴平ビル
　　　　　電話　03（3502）2750

市販用は放送大学教材と同じ内容です。定価はカバーに表示してあります。
落丁本・乱丁本はお取り替えいたします。

Printed in Japan　ISBN978-4-595-32247-1　C1311